教育的目的

[英]怀特海 著

徐汝舟 译

生活·讀書·新知三联书店

Simplified Chinese Copyright © 2022 by SDX Joint Publishing Company.
All Rights Reserved.
本作品简体中文版权由生活·读书·新知三联书店所有。
未经许可,不得翻印。

图书在版编目(CIP)数据

教育的目的 /(英)怀特海著;徐汝舟译. —北京:
生活·读书·新知三联书店,2022.4 (2025.4 重印)
(三联精选)
ISBN 978 – 7 – 108 – 07310 – 5

Ⅰ.①教… Ⅱ.①怀… ②徐… Ⅲ.①教育 – 文集
Ⅳ.① G4-53

中国版本图书馆 CIP 数据核字(2021)第 228325 号

责任编辑	吴 莘 冯金红
装帧设计	鲁明静
责任校对	张 睿
责任印制	卢 岳
出版发行	生活·讀書·新知 三联书店
	(北京市东城区美术馆东街 22 号 100010)
网 址	www.sdxjpc.com
经 销	新华书店
制 作	北京金舵手世纪图文设计有限公司
印 刷	北京隆昌伟业印刷有限公司
版 次	2022 年 4 月北京第 1 版
	2025 年 4 月北京第 5 次印刷
开 本	850 毫米 × 1168 毫米 1/32 印张 5
字 数	88 千字
印 数	14,001 – 17,000 册
定 价	32.00 元

(印装查询:01064002715;邮购查询:01084010542)

目录

序　言　1

一　教育的目的　1

教育是一种掌握种种细节的需要耐心的过程，一分钟，一小时，日复一日的循环。我们知道有一句谚语"见树不见林"，教育需要解决的问题就是使学生通过树木看见森林。

二　教育的节奏　22

教育的节奏指一个特定的原则——不同的科目和不同的学习方式应该在学生的智力发育达到适当的阶段时采用。这个原则在对任何有教育经验的人来说都是十分熟悉的，但在教育实践中，人们在对待这个明确无疑的原理时，并没有对学生们的心理给予应有的注意。

三　自由与纪律的节奏　42

一种设计完美的教育，其目的应该是使纪律成为自由选择的自发的结果，而自由则应该因为纪律而得到丰富的机会。自由和纪律这两个原则并不对立，在儿童的生活中应该对它们进行这样的调节，使之适应个性发展的自然变化。

四 技术教育及其与科学和文学的关系 60

每种形式的教育都应该向学生传授技术、科学、各种一般的知识概念以及审美鉴赏力;学生在每一方面所受的训练,都应由其他两方面的训练补充而相得益彰。

五 古典文化在教育中的地位 85

我们面临的任务是如何利用中学的五年时间,在这段时间里,古典文化课与其他学科共同分配时间,只有当古典文化能够比其他任何目的相同的学科更快地丰富学生的智力品质时,它才能得到保护。

六 大学及其作用 108

大学并不是促使社会进步的惟一机构,但这是一个不争的事实:今天,凡是那些不断前进的国家,它们的大学教育都在蓬勃地发展。大学教育的核心问题是使青年学子们在知识和智力发展方面受一批充满想象力的学者们的影响。

自述生平 125

怀特海主要著述目录 145

译后记 149

序 言[1]

出版社再版怀特海教授的论文集《教育的目的及其他论文》,要我写一篇序言。我想,最好的序言也许莫过于那句话:"酒好客自来。"由于某种原因,教育常常是一个枯燥的话题,但怀特海教授的论述却使人兴奋不已。他理应如此,因为他不断追寻的主题就是,教育应该充满生气和活力。"成功的教育所传授的知识必有某种创新……陈旧的知识会像鱼一样腐烂。"

本书收集的论文表达了一位伟人的观点。他那广博的知识涉及人类探索各个领域所取得的成就,加上他天赋特有的洞察力,使他的观点具有不同寻常的新意。看看迄今人们就大学的作用是教育还是繁荣学术所发表的种种论述,与这些论述相比,怀特海的评论完全出人意料:"大学存在的理由是,它使青年和老年人融为一体,对学术进行充满想象力的探索,从而

---

[1] 本序言是林塞为伦敦恩斯特·本有限公司(Ernest Benn Limited)1950年出版的《教育的目的及其他论文》一书而写。林塞(Alexander Dunlop Lindsay,1879—1952),英国著名的教育家,曾任格拉斯哥大学教授、英国工党的教育政策顾问和牛津大学副校长。著有《民主的本质》(1929)、《现代世界中的宗教、科学与社会》(1943)等。

在知识和追求生命的热情之间架起桥梁。"

凡是阅读这些论文的人必然会问：我们能否做些什么使这些显然正确的原理付诸实践。这些论文对通行刻板的考试制度持否定态度。怀特海是一位教育公理主义者。他主张学校对考试拥有自主权。"每一所学校应根据本校的课程授予自己的毕业证书。对这些学校的标准应该进行抽样评估和修正。但教育改革的首要条件是，学校作为一个独立的单位，应有经过批准的课程，而这些课程是由本校教师根据学校自身的需要而设计制定的。"

上述建议见于他的《思想的组织》第一章，该文发表于1917年。我从未听到人们把这个建议作为教育管理中一项切实可行的改革措施而加以认真的讨论。我想，现在是我们对怀特海教授的这个观点和其他种种建议进行认真讨论的时候了。

教育和教育管理中自有一种节奏。英国的教育体制过去如此缺乏条理，有如此多的缺漏和失败，尤其是发展得如此不平衡，以至于多年来，改革家们始终在进行着艰苦的努力，并取得了可观的成绩。既然我们已经建立起某种制度，我们就应该大力提倡试验和灵活性。教育属于一种精神范畴的事物，但我们在教育自己的子女时，必须使精神附着于躯体，还要给躯体一副骨架。我们面临的最艰难而又最重要的任务，是为精神、探索性试验以及生活提供自由的空间。我们应该这样做，而当我们这样做时会发现，怀特海教授的这些论文充满了真正的智慧。

林塞

1949年9月

一 教育的目的

　　文化是思想活动，是对美和高尚情感的接受。支离破碎的信息或知识与文化毫不相干。一个人仅仅见多识广，他不过是这个世界上最无用而令人讨厌的人。我们要造就的是既有文化又掌握专门知识的人才。专业知识为他们奠定起步的基础，而文化则像哲学和艺术一样将他们引向深奥高远之境。我们必须记住，自我发展才是有价值的智力发展，而这种发展往往发生在16岁到30岁之间。至于说到人的培养，人们所受到的最重要的培养是他们12岁以前从母亲那里接受的教养。大主教坦普尔[1]的一句名言可以说明我的意思。一个曾经在拉格比公学[2]读书时成绩平平的男孩，长大后取得了成就，这不禁使人感到惊讶。坦普尔大主教的回答是："人们18岁时怎么样并不重要，重要的是他们后来会如何发展。"

　　培养一个儿童如何思维，最重要的是必须注意我所说的那

---

[1] 弗雷德里克·坦普尔（Frederick Temple，1821—1902），英国教育改革家，曾任牛津大学讲师和拉格比公学校长，在拉格比公学增设历史、科学、音乐等课程；1896年任坎特伯雷大主教，成为英国圣公会的精神领袖。
[2] 拉格比公学（Rugby），英国建于1567年的男童学校，后成为英国著名的公立学校。该校也是英式橄榄球的发源地。

种"呆滞的思想"——这种思想仅为大脑所接受却不加以利用，或不进行检验，或没有与其他新颖的思想有机地融为一体。

在教育发展史上，最引人注意的现象是，一些学校在某个时期充满天才创造的活力，后来却迂腐而墨守成规。其原因就在于，这些学校深受这种呆滞思想的束缚和影响。囿于这种思想的教育不仅毫无价值，还极其有害。除了在知识蓬勃发展的少数时期外，过去的教育完全受这种呆滞思想的影响。这也说明为什么那些聪慧的妇女，虽然她们未受教育，但阅历丰富，当她们步入中年时，便成为社会中最有文化修养的群体。她们免受了这种呆滞思想的可怕束缚。使人类走向伟大崇高的每一次知识革命无不是对这种呆滞思想的激烈反抗。然而，遗憾的是，我们对人类的心理特点茫然无知，于是某种教育体制自身形成的僵化思想重又束缚了人类。

现在让我们来看看，在我们的教育制度中应如何防止这种精神和思想上的僵化陈腐。我们先来说明教育上的两条戒律，其一，"不可教太多的科目"；其次，"所教科目务须透彻"。

在众多的科目中选择一小部分进行教授，其结果是，学生被动地接受不连贯的思想概念，没有任何生命的火花闪烁。在儿童教育中引进的主要思想概念要少而精，这些思想概念能形成各种可能的组合，儿童应该使这些思想概念变成自己的概念，应该理解如何将它们应用于现实生活中。儿童从一开始接受教育起，就应该体验发现的乐趣。他必须发现，一般的概念能使他理解他一生中遇到的、构成他生活的种种事件。我用"理解"这个词，意思不仅限于一种逻辑分析，虽然它包含了逻辑分析。我用这个词是取它在法国谚语"理解一切即宽恕一切"中的含义。卖弄学问的人会讥笑那种实用的教育。但教育若无用，它又何成其为教育？难道教育是一种不加以利用的才智？教育当然应该有用，不管你的生活目的是什么。教育对圣奥古斯丁[1]有用，对拿破仑[2]有用。教育有用，因为理解生活是有用的。

我只是简单地提到应由文学教育传授的那种理解，我也不希望人们以为我要对古典或现代课程的价值发表评论。我只想说，我们需要的理解是一种对现在的理解。过去的知识惟其有价值，就在于它武装我们的头脑，使我们面对现在。再没有比轻视现在给青年人带来更严重的危害了。现在包含一切。现在是神圣的境界，因为它包含过去，又孕育着未来。同时我们必须注意，一个200年前的时代与一个2000年前的时代同样古

---

[1] 圣奥古斯丁（Saint Augustine of Canterbury，？—604），可能出身于罗马贵族，曾任罗马本笃会圣安德烈隐修院院长。他奉教皇格列高利一世派遣，于公元597年率40名修士组成的传教团到达英格兰，使英格兰人皈依基督教，同年任坎特伯雷首任基督教大主教。
[2] 拿破仑·波拿巴（Napoleon Bonaparte，1769—1821），法兰西第一帝国皇帝（1804—1814；1815），曾颁布《拿破仑法典》，率军出征欧洲，对法国和欧洲的政治和历史产生过重要影响。

老。不要被形式上的年代所蒙蔽。莎士比亚[1]和莫里哀[2]的时代与索福克勒斯[3]和维吉尔[4]的时代一样古老。先贤们的思想交流是启发灵智的盛会,但聚会只可能有一个殿堂,这就是现在;任何先贤来到这个殿堂所经历的时间没有什么不同的意义。

当我们转而考察科学和逻辑的教育时,我们应记住,在这里不加利用的思想概念同样是十分有害的。我所说的利用一个思想概念,是指将它与一连串复杂的感性知觉、情感、希望、欲望以及调节思维的精神活动联系在一起,这构成了我们的生活。我可以想象那些通过被动地考察不连贯的思想来加强自己灵魂的人,但人类不是这样发展而来的——也许某些报纸的编辑是这样。

---

[1] 威廉·莎士比亚(William Shakespeare,1564—1616),英国伟大的诗人和剧作家,传世作品有37部戏剧、154首十四行诗、两首长诗和其他诗歌,在世界文学中占有独特的地位。
[2] 莫里哀(Moliere,1622—1673),法国古典主义时期著名剧作家,成功地创造了法国现实主义喜剧和新的喜剧风格,主要作品有《愤世嫉俗》、《吝啬鬼》、《贵人迷》等。
[3] 索福克勒斯(Sophocles,公元前496—前406),古希腊三大悲剧作家之一,受过良好教育,一生写作一百二十多部剧本,使悲剧艺术达到完美的境界。传世作品有《埃阿斯》、《安提戈涅》、《俄狄浦斯王》等。
[4] 维吉尔(Virgil,公元前70—前19),古罗马伟大诗人,在修辞学和哲学方面受过良好训练,他的诗句富于音乐美,传世作品有史诗《埃涅阿斯纪》、《农事诗》4卷和《牧歌》等,对欧洲文艺复兴和古典主义文学产生了巨大的影响。

在科学训练中,对一个概念所要做的第一件事就是去证明它。但请允许我先扩展"证明"这个词的含义:我的意思是——证明其价值。如果体现某一思想概念的主题不真实,那么这个思想概念就没有多少价值。因此,对某一思想概念的证明,最重要的是通过实验证明或在逻辑上证明其主题的真实性。但证明主题的真实性并不构成最初采用这一概念的必要条件。毕竟,可尊敬的教师们的权威意见坚持这一点,这是开始讨论这个问题的充分根据。在我们最初接触一系列命题时,我们从评价它们的重要性入手。这是我们所有的人在后半生所做的事。从严格的意义上说,我们并不试图证明或反驳任何事物,除非其重要性值得我们这样做。证明(从狭义上说)和评价,这两个过程并不要求在时间上严格地分开,两者几乎可能同时进行。但因为任何一个过程必须有优先性,因此应该优先考虑评价过程。

此外,我们不应该试图孤立地利用各种主题。我的意思绝不是用一组简单的实验说明主题Ⅰ,然后证明主题Ⅰ;接着用一组简单的实验说明主题Ⅱ,然后证明主题Ⅱ,依次进行直到书的末尾。再没有比这更枯燥的了。互相联系的原理作为整体一起加以利用,各种不同的主题按任何顺序反复使用。从理论科目中选择一些重要的用途,通过系统的理论阐述对这些用途同时进行研究。理论阐述须简短,但应严谨精确。它不能太长，否则人们不易透彻准确地理解。头脑里装满大量一知半解的理论知识，其后果令人悲叹。理论也不应该与实际相混淆。儿童在证明和利用时，他不应该有疑虑。我的观点是，被证明的应该加以利用，被利用的应该——只要可行——加以证明。我绝不坚持认为证明和利用是同一件事。

叙述到此，我可以用一种表面看似离题的方式更直接地阐明我的论点。我们刚刚开始认识到，教育的艺术和科学需要一种天才，需要对这种艺术及科学进行研究；我们认识到，这种天才和科学不仅仅是某种科学的或文学的知识。上一代人只是部分地认识这个道理；中学和小学里那些多少有点粗俗的校长们，往往要求同事们左手投保龄球，要求他们对足球感兴趣，以此来取代学术。然而，文化比板球丰富，比足球丰富，文化也比广博的知识更为丰富。

教育是教人们掌握如何运用知识的艺术。这是一种很难传授的艺术。你可以肯定，不管什么时候，只要有人写出一本具有真正教育价值的教科书，就会有某位评论家说这本教材很难用。这种教材当然不容易教。倘若容易，就应该将它付之一炬，因为它不可能有教育的价值。在教育中就像在其他领域中一样，那条宽广却又危险的路通往一个糟糕的地方。这条有害的路由一本书或一系列讲座来体现，书和讲座几乎能使学生记住下一次校外考试[1]中可能出现的所有问题。我可以顺便说一句，一个学生在任何考试中要直接回答的每一个问题如果不由他的老师设计或修改，这种教育制度是没有发展前途的。校外评定员可以报告课程的情况或学生的表现，但绝不能问未经学生自己的教师严格审阅的问题，或者这个问题至少是经过与学生长时间的讨论而引发出来的。这条规则有少数例外，但因为它们是例外，在总的规则下是容易允许的。

现在回到我前面提到的论点，即各种理论概念在学生的课程中应该永远具有重要的应用性。这并不是一个容易付诸实践的原理，相反，很难实行。它本身便涉及这样的问题：要使知识充满活力，不能使知识僵化，而这是一切教育的核心问题。

最好的做法取决于以下诸项不可忽视的因素，即教师的天赋，学生的智力类型，他们生活的前景，学校周围环境提供的机会，以及与此相关的各种因素。正是由于这个原因，统一的校外考试是极其有害的。我们指责这种考试并非因为我们是怪人，也不是因为我们热衷于指责已经确定的事物。我们并不这样幼稚。当然，这类考试在检查学生的懈怠方面也有用处。我们讨厌这种考试的理由是十分明确而又具有实际意义的，因

---

[1] 校外考试（external examination）指由一个专门机构，而不是由组织学生准备考试的机构出题或评卷的考试。

为它扼杀了文化的精髓。当你凭据经验来分析教育的中心任务时，你会发现，圆满完成这一任务取决于对多种可变因素做精妙的调整。这是因为，我们是在与人的大脑而不是与僵死的物质打交道。唤起学生的求知欲和判断力，以及控制复杂情况的能力，使他们在特殊情况下应用理论知识对前景做出展望——所有这些能力不是靠一条体现在各科目考试中的固定规则所能传授的。

我请你们这些注重实际的教师们注意。如果一个班级的课堂纪律良好，那么就有可能向学生们灌输一定量的死板的知识。你采用一种教材，让他们学习。在某种程度上来说，一切顺利。学生们然后知道了如何解二次方程。但教会学生解二次方程的意义是什么呢？对这个问题有一种传统的回答，即人的大脑是一种工具，你首先要使它锋利，然后再使用它；掌握解二次方程的本领便是一种磨砺大脑的过程。这个回答具有一定的真实性，因此几代教育家都接受了它。但尽管如此，它包含一种根本性的错误，可能扼杀我们这个世界的天才。我不知道是谁最先把人的大脑比作一种无生命的工具。据我所知，这也许是希腊七个智者中的一位提出的，或者是他们全体的看法。不管发明者是谁，历代杰出人物赞同此说而使它具有的权威性不容怀疑。然而，不管这种说法多么权威，不管什么样的名人对此表示过赞同，我都毫不犹豫地抨击这种说法，视其为迄今存在于教育理论中的最致命、最错误因而也是最危险的一种观点。人的大脑从来不是消极被动的;它处于一种永恒的活动中,精细而敏锐,接受外界的刺激,对刺激做出反应。你不能延迟大脑的生命,像工具一样先把它磨好然后再使用它。不管学生对你的主题有什么兴趣,必须此刻就唤起它;不管你要加强学生什么样的能力,必须即刻就进行;不管你的教学给予精神生活什么潜在价值,你必须现在就展现它。这是教育的金科玉律,也是一条很难遵守的规律。

这种困难在于:对于一般概念的理解,以及大脑智力活动的习惯,还有对智力成就的令人快乐的关注,这些都无法用任何形式的言语唤起,不管你怎样正确地调整。凡有实际经验的教师都知道,教育是一种掌握种种细节的需要耐心的过程,一分钟,一小时,日复一日的循环。企图通过一种虚幻的方法做出高明的概括,学习上绝无此种捷径。我们知道有一句谚语"见树不见林",这正是我要强调的一点。教育需要解决的问题就是使学生通过树木看见森林。

我极力主张的解决方法是,要根除各科目之间那种致命的分离状况,因为它扼杀了现代课程的生命力。教育只有一个主题,那就是五彩缤纷的生活。但我们没有向学生展现生活这个独特的统一体,而是教他们代数、几何、科学、历史,却毫无结果;我们让孩子们学两三种语言,但他们却从来没有真正掌握；最后，是最令人乏味的文学，常常是莎士比亚的一些戏剧作品，配有实际上是为让学生背诵的语言方面的注释和简短的剧情人物分析。以上这些能说代表了生活吗？充其量只能说，那不过是一个神在考虑创造世界时他脑海中飞快浏览的一个目录表，那时他还没有决定如何将它们合为一体。

现在让我们回到二次方程上来，我们还没有解决这个问题。为什么要教儿童二次方程的解法？如果二次方程不适合一套连贯的课程，当然没有理由去教与它有关的任何知识。此外，因为数学在整个文化中的位置应该涉及很广的范围，我有点怀疑对许多类型的儿童来说，二次方程的代数解法是否不取决于数学的专业化的一面。在此我可以提醒你们，到目前为止我还没有对心理学或专门化内容作任何评论，而它是理想教育的必要组成部分。不过，以上所说是回避我们前面提到的问题，我说这些只是为了使我下面的回答不致引起误解。

二次方程是代数学的一部分，而代数学是人们创造出来用以清晰描绘量化世界的智力工具。我们无法回避数量，世界自始至终都受到数量的影响，说话有道理就是作量化描述。说这个国家大毫无意义——有多大？说缺乏镭也无意义——缺多少？你不能回避量的概念。也许你可以转向诗歌和音乐的王国，但在节奏和音阶方面你仍会遇到量和数。那些蔑视数量理论的优雅的学者是不健全的。与其指责他们，不如怜悯他们。

他们在学校中学到的那些零星的莫名其妙的代数知识应该受到轻视。

代数学无论在表面上还是事实上，都退化成了无意义的所谓知识，这为我们提供了一个可悲的例子，说明如果人们对自己希望在儿童生动活泼的头脑里唤起的特性缺乏清晰的概念，则改革教育的计划表是没有价值的。几年前，人们强烈要求改革学校中的代数课，但多数人都同意图表可以解决一切问题。于是，学校淘汰了所有的方法，开始推行图表法。但就我所看到的而言，仅仅是图表而已，根本没有思想或概念。现在每次考试总有一两道图解题。我个人是图解法的积极拥护者，但我不知道我们是否取得了很大的进展。生活与所有智力或情感认知能力的某种基本特点之间存在着关系，如果你不能展现这种关系，你就无法将生活融入任何普通教育的计划中。这是一句难理解的话，但它有道理。我不知道如何使它更容易理解。在做这种小小的正式改动时，你恰恰被事物的本质难倒。你的对手本领太高，他能使豌豆永远在另一个套筒下[1]。

改革必须从另一边开始。首先，你必须接受普通教育中很容易采用的对世界的量化描述方法。其次，应该制订出代数的计划，这个计划将在这些应用中发现它的范例。我们不必担

---

[1] 原意为用巧妙的办法骗人，此处指胜过对方。

心我们特别喜欢的那些图表,当我们开始把代数学当作研究世界的重要手段时,图表会大量出现。对社会进行最简明的研究时,可以用某些最简单的图表来进行量化描述。历史课图表中的那些曲线要比枯燥的人名、日期一览表更生动,更直观,但这种一览表却构成了我们学校枯燥的学习中的主要内容。不知名的国王和王后的一览表能达到什么目的?汤姆、迪克,或哈里,他们都死了。普通的起死回生是不可能的。现代社会中各种势力的量的变化可以用极简明的方法显示。同时,关于变量的概念,关于函数、变化速率、方程及其解法的概念,还有数学中消去的概念,都因其自身的原因而被作为一种纯概念的科学来进行研究。当然,不是用此刻我提到它们时所用的这些华丽的词藻,而是重复使用那些适合教学的简单而特殊的实例。

如果遵循这样一条路线,那么从乔叟[1]到黑死病[2],从黑死病到现代劳工问题,这条线索将把中世纪有关朝圣者们的传说与代数这门抽象的科学联系起来,两者都从诸多不同的方面反映了那个独一无二的主题,即:生活。我知道你们大多数人对这一点的看法。你们认为我所勾勒出的这条线索并不是你们

---

[1] 杰弗里·乔叟(Geoffrey Chaucer, 1342或1343—1400),英国伟大的作家和诗人,享有"英国诗歌之父"的美名。著有《坎特伯雷故事集》。
[2] 黑死病(the Black Death),14世纪蔓延于欧洲和亚洲的鼠疫传染病,导致欧洲约二千五百万人死亡。

想选择的线索，甚至也不是你们要看它如何起作用的线索。对此我颇为赞同。我并不是说我可以自己做这点。但你们的反对恰恰说明了为什么统一的校外考试对教育是极其有害的。展现知识应用的过程若要取得成功，必须首先取决于学生的特点和教师的天赋。当然，我忽略了我们大多数人都比较熟悉的最简单的应用。我指的是那些涉及量的科学，如力学和物理学。

而且，在同样的关系中，我们用社会现象的统计资料与时间对照，然后我们取消相关的一对事实之间的时间。我们能够推断我们在多大程度上展现了一种真正的因果关系，或多大程度上仅仅是时间上的巧合。我们注意到，对不同国家的事实，我们可能使用了一组不同的统计数据与时间对照，这样，通过对题目的适当选择，就可能得到肯定仅仅是展现巧合的图表。同样，其他图表可显示明显的因果关系。我们不知道如何区分两者间的不同，因此我们继续论述。

然而，在考虑这种描述时，我必须请你们记住我始终坚持的下述论点。首先，一种想法不会适合各种类型的儿童。例如，我想，手工灵巧的儿童会需要比我在此记下的更具体、从某种意义上来说更敏捷的东西。也许我错了，但我应该做这种推测。其次，我并不认为一次出色的讲座就能一劳永逸地引起全班的赞美。这不是教育进展的方式。不；学生们始终在努力地解题，画图表，做实验，直到他们完全掌握了整个题目。我在描述各种解释，即在思维方面应给予孩子们的指导。必须让学生们感到他们在学习某种东西，而不仅仅是在表演智力的小步舞。

最后，如果你教的学生要参加某种统一的普通考试，那么如何实施完美的教学便是一个极其复杂的问题。你是否注意过诺曼式拱形结构那弯曲的造型？古代的作品精美绝伦，现代的作品则丑陋不堪。其原因就在于，现代作品按精确的尺寸设计制作，而古代的作品则随工匠的风格而变化。现代是拥挤，古代是舒展。现在，要使学生通过考试，就要对教学的各个科目都给予同等的重视。但人类天生是一个适应并局限于一定生存模式的专门化的物种。某个人看见的是整个题目，而另一个人则可能只发现一些独立的例证。我知道，在专为一种广博的文化而设计的课程中为专门化留出余地似乎是矛盾的。但没有矛盾，世界会变得更简单，也许更单调。我肯定，在教育中只要你排斥专门化，你就是在破坏生活。

现在我们来看看普通数学教育中的另一个重要的分支：几何学。同样的原理也适用于这里。理论部分应该轮廓分明，严密，简洁，有重要意义。对显示各种概念之间主要联系并非必要的任何论点都应删除，但应保留所有重要的基本概念。不应删除这样的概念，如相似性和比例。我们必须记住，由于图形的视觉效果提供的帮助，几何学是训练大脑推理演绎能力的无与伦比的学科。当然，随后就有了几何制图，它训练人的手和眼睛。

然而，像代数学一样，几何与几何制图必须超越几何概念的范畴。在相邻的工业领域，机械和车间操作实践形成几何学知识的适当延伸。例如，伦敦工艺专科学校在这方面取得了引人注目的成就。对许多中等学校来说，我建议使用测量和绘图法。尤其是平板仪测量可以使学生对几何原理的直接应用产生一种生动的理解。简单的绘图工具，一条测链，一个测绘罗盘仪，这些东西可以引导学生从勘测和丈量一块场地进而绘制一个小区域的地图。最优秀的教育在于能够用最简单的工具获得最多的知识。提供精制的工具仪器会受到反对。绘制出一个小区域的地图，细心考虑该区的道路、轮廓、地质情况、气候，该区与其他地区的关系，以及对该区居民地位的影响，这些会比任何关于珀金·沃贝克[1]或贝伦海峡（Behren's Straits）的知识使学生懂得更多的历史和地理。我的意思不是指就这个题目做一次含糊不清的演讲，而是进行认真的调查研究，这种调查通过正确无误的理论知识来确定真实的事实。一个典型的数学问题应该是：测量某一块场地，按某种比例尺绘制出它的

---

[1] 珀金·沃贝克（Perkin Warbeck, 1474？—1499），英国历史上的骗子，曾组织反对英格兰都铎王朝的力量，三次入侵英格兰，但被亨利七世的军队击败，后被俘处以绞刑。

平面图，并找到这样的地方。这是一种很好的程序，即提出必要的几何命题却不进行证明。然后在进行测量的同时学会证明这个命题。

幸运的是，教育涉及的专业化的一面所提出的问题比普通文化提出的问题更容易些。原因是多方面的。一个原因是，须要遵守的许多程序的原则在这两种情况下是相同的，因此不必重新讲述。另一个原因是，专门化的训练出现在——或者说应该出现在——学生课程的更高级的阶段，此时可以利用比较容易些的材料。但毫无疑问，主要原因是，对学生来说，专业学习通常是一种具有特殊兴趣的学习。学生之所以学习某种专门知识，部分原因是因为他想了解这种知识。这就使情况大不相同了。普通文化旨在培养大脑的智力活动，而专业课程则是利用这种活动。但不应过分强调两者之间这种简单的对立。正如我们所看到的，在普通的文化课程中，学生会对特殊的问题产生兴趣；同样，在专业学习中，学科外在的联系使学生的思想驰骋于专业领域之外更广阔的空间。

此外，在学习中不存在一种课程仅仅传授普通的文化知识，而另一种课程传授特殊的专业知识。为接受普通教育而学习的课程是为学生特别设置的专门学习的课程。另一方面，促进普通脑力活动的一种方法是培养一种特殊的专注。你不能将学习浑然一体的表面分开。教育所要传授的是对思想的力量、思想的美、思想的条理的一种深刻的认识，以及一种特殊的知识，这种知识与知识掌握者的生活有着特别的关系。

对思想条理的领会是有文化教养的人通过专门学习才能得到的。我指的是对通盘棋的辨别力，对一组思想与另一组思想间关系的辨别力。只有通过专门学习，人们才能领会一般思想的准确阐述，领会这些思想被阐述时它们相互间的关系，领会这些思想对理解生活的作用。经过这样训练的大脑应具备更抽象和更具体的思维能力。它一直在受着这样的训练：理解抽象的思维，分析具体的事实。

最后，应该培养所有精神活动特质中最朴素简约的特质，我指的是对风格的鉴赏。这是一种审美的能力，它建立在欣赏通过简约的方式直接达到预见的目标。艺术中的风格，文学中的风格，科学中的风格，逻辑中的风格，实际做某件事的风格，从根本上说，都具有相同的审美性质，即实现和约束。爱一个科目本身以及为一个科目本身而热爱它，这种爱是体现于学习中的对风格的热爱，它不是在精神世界徜徉所带来的催人欲睡的快乐。

这样，我们便又回到我们开始讨论的地方，即教育的功用。按风格最完美的意义，它是受教育的文化人最后学到的东西；它也是最有用的东西。风格无处不在。欣赏风格的管理人员讨厌浪费；欣赏风格的工程师会充分利用他的材料；欣赏风格的工匠喜欢精美的作品。风格是智者的最高德性。

然而，在风格之上，在知识之上，还存在着某种东西，一种模糊的东西，就好像主宰希腊众神的命运一样。这个东西就是力。风格是力的塑造，是力的约束。但是，实现理想目标所需要的力毕竟是极为重要的。首先要达到目标。不要为你的风格而烦恼，去解决你的问题，去向人们证明上帝的方法是正确的，去执行你的职责，或者去完成摆在你面前的其他任何任务。

那么风格对我们有什么帮助？风格帮助你直接达到目标，使你避开无关的问题，而不会引出令人讨厌的东西。有了风格，你可以实现你的目标。有了风格，你可以计算出行动的效果，而预见的能力也成为神赐予人类的最后的礼物。风格会增加你的力量，因为你的大脑不会因枝节问题而分心，你将更有可能实现自己的目的。风格是专家独享的特权。谁听说过业余画家的风格？谁听说过业余诗人的风格？风格永远是专业化学习的结果，是专门化研究对文化做出的特有的贡献。

英国现阶段的教育缺乏明确的目的，受到扼杀教育生命力的外部机构的损害。到目前为止，我在这次演讲中始终在考虑那些应对教育起决定作用的目的。在这方面，英国在两种意见之间徘徊不前：它还没有确定是培养业余爱好者还是造就专家。19世纪世界发生的深刻变化是，知识的增长使我们能够预见未来。我们所说的业余爱好者基本上是这样一种人，他们有鉴赏力，在掌握某种固定的程序化的工作时具有多种才艺。但他们缺乏专业知识赋予一个人的预见能力。我此次演讲的目的，就是提出如何造就具有业余爱好者基本优点的专家。英国中等教育的状况是，在那些应该柔韧而富有弹性的地方僵化刻板，而在那些应该严格精确的地方却松散不严密。所有的学校都受到束缚，它们不得不训练学生去应付小范围的限制性的考试，否则学校便无法生存。没有一个校长能够按照学校面临的机遇，自由地发展普通教育或专业学习，这些机遇是由该校的教职人员、学校环境、它的学生以及它得到的捐款所创造的。我认为，所有以考核单个学生为目的的校外考试制度不会有任何结果，只会造成教育方面的浪费。

首先应该考核的不是学生而是学校。每一所学校应根据本校的课程授予自己的毕业证书。对这些学校的标准应该进行抽样评估和修正。但教育改革的首要条件是，学校作为一个独立的单位，应有经过批准的课程，而这些课程是由本校教师根据学校自身的需要而设计制定的。假如我们不能保证这点，我们不过是从一种形式主义陷入另一种形式主义，从一团陈腐呆滞的思想陷入另一团同样没有生命的思想中。

在说明学校是任何全国性的制度中能确保效率的真正的教育单位时，我曾设想过一种方法来代替以考核单个学生为目的的校外考试制度。但每个斯库拉女妖都面对她的卡律布狄斯[1]——或者换一种更通俗的说法，道路两边都有壕沟。如果教育受这样一种管理部门的控制，它认为可以把所有的学校分为两三种死板的类型，并强迫每一类学校采取一种刻板的课程，这对于教育来说同样是灾难性的。当我说学校是教育单位时，我的意思是指完完全全的教育单位。每所学校必须有权考虑自身的特殊情况。为了某些目的将学校分类是必要的，但不容许未经学校教职人员修正的极其死板的课程。经过适当修改的同样的原则，也适用于大学和技术学院。

当你全面考虑教育国家的年青一代这样重要的问题，考虑轻率的惰性导致绝望的生活、破灭的希望和全国性的失败时，你很难抑制心中的怒火。现代生活环境中的法则是绝对的。一个不重视培养智力的民族注定将被淘汰。并不是你所有的英雄行为、社交魅力，你的智慧以及你在陆地或海上取得的胜利可以改变你的命运。今天我们保持着自己的地位。明天科学又将向前迈进一步，那时，当命运之神对未受良好教育的人做出判决时，将不会有人为他们提出上诉。

---

[1] 斯库拉（Scylla）和卡律布狄斯（Charybdis）均为希腊神话中的女妖，斯库拉住在意大利和西西里岛之间的海峡中的一个洞穴里，卡律布狄斯住在对岸距她一箭之遥处的一棵无花果树下。航海者要从这两个怪物间的海面上通过将冒极大的危险。"斯库拉和卡律布狄斯"喻义双重危险。

我们可以对自有文明史以来人们普遍信仰的教育理想的概括感到满意。教育的本质在于它那虔诚的宗教性。

那么请问,什么是宗教性的教育?

宗教性的教育是这样一种教育:它谆谆教导受教育者要有责任感和崇敬感。责任来自于我们对事物发展过程具有的潜在控制。当可习得的知识能够改变结局时,愚昧无知便成为罪恶。而崇敬是基于这样的认识:现在本身就包含着全部的存在,那漫长完整的时间,它属于永恒。

二 教育的节奏

我用教育的节奏来指一个特定的原则，这个原则在实际应用中对任何有教育经验的人来说都是十分熟悉的。因此，当我想到我是在向英国的一些著名的教育家们发表讲演时，我并不指望我的讲演内容对他们会有什么新意。但我确实认为，考虑到指导该原则应用的所有因素，人们还没有对这个原则进行充分的讨论。

首先，我要寻找一种最不加掩饰的叙述方法来说明我所指的教育节奏的含义，这种叙述须明确无疑地阐明此次讲演的要点。我所说的这个原则不过如此——不同的科目和不同的学习方式应该在学生的智力发育达到适当的阶段时采用。你们会同意我的看法，认为这是众所周知的老生常谈，从来没有人怀疑。我确实急于强调我演讲的基本思想的主要特点。原因之一是，听众肯定会自己发现它。但我选择这个演讲题目的另一个原因是，我认为，在教育实践中，人们在对待这个明确无疑的原理时，并没有对学生们的心理给予应有的注意。

幼儿期教育的任务

首先我对某些原则的恰当性提出异议，而学习科目的难

二 教育的节奏

易顺序往往就是根据这些原则划分的。我这样说是想表明，只有清楚地说明这些原则，它们的正确性才能为人们所接受。先考虑一下科目难易的标准。认为较容易的科目应该在较难的科目之前学习，这种观点并不对。相反，有些最难学的东西必须先学，因为人的先天秉性规定如此，也因为这些本领对生活来说是非常重要的。婴儿呱呱坠地，他面对的第一个需要用智力解决的问题是掌握口语。要把意思和声音联系起来，这是多么艰难的任务！这需要对概念和声音做出分析。我们都知道婴儿做到了，而婴儿这种奇迹般的成功是可以解释的。所有的奇迹都是如此，然而对智者来说它们仍然是奇迹。我所要求的不过是，面对这样的例子，我们再不要说把较难的科目放在后面学这类蠢话了。

婴儿掌握口语之后再学什么？学习掌握书面语，也就是说，要把声音和字形联系在一起。天哪，我们的教育家们疯了吗？他们在让这些牙牙学语的6岁儿童去完成一个圣贤哲人努力一生仍会感到气馁的任务。同样，数学中最难的部分是代数原理，可是代数却必须安排在比较容易的微分学之前。

我不准备进一步详细阐述我的论点，我只是重复一遍，在复杂的教育实践中，把难点放在后面并不是解决问题的可靠线索。

有关科目顺序的可供选择的原则是：必要优先原则。显然，在这个问题上我们有更可靠的依据。只有当你具备阅读能力后你才能读《哈姆雷特》[1]；学习分数或小数之前你必须先学习整数。然而，如果仔细看看，即使这个确定的原则也会失去效力。这个原则肯定是对的，但是只有当你给一门学习科目的概念确定一种人为的限制时这个原则才对。这个原则的危险在于，它在一种意义上被接受，从这个意义上来说它几乎是一个不容怀疑的真理；而它却在另一种意义上被应用，就这个意义来说，这个原则是错误的。你没有具备阅读能力时不能读荷马[2]的史诗；然而，许多孩子聆听母亲讲述的故事，许多成年人在过去的年代里借助吟游诗人的诗歌，阅读《奥德赛》的故事，在充满传奇色彩的大海上遨游。那些有组织才能的愚钝的人，不加鉴别地应用某些科目必优先其他科目的原则，已经在教育中制造了干涸的撒哈拉沙漠。

智力发展的各个阶段

我之所以用教育的节奏作为本次讲演的题目，是因为还要批判流行的思想。人们常常认为，学生的进步是一种均匀不变的、持续稳定的进展，并不因为类型或速率的改变而有所不同。

---

[1]《哈姆雷特》(*Hamlet*) 是英国剧作家和诗人莎士比亚的悲剧作品。
[2] 荷马 (Homer)，传说中的古希腊吟游诗人，活动时期为公元前9世纪或前8世纪，著有史诗《伊利亚特》和《奥德赛》。

二　教育的节奏

例如，人们设想一个男孩10岁开始学习拉丁语，按照一种一贯不变的发展，到18岁或20岁时他便稳步发展成为一个古典文学的学者。我认为，这种教育观念是建立在一种对智力发展过程的错误的心理认识上，这种心理认识严重地妨碍了我们教育方法的有效性。生命本质上是周期性的。它包括日的周期，如工作和娱乐的交替，活动和睡眠的交替；季节的周期，它规定了学校的学期和假期；此外，还包括四季分明的年的周期。这是任何人都不能忽视的十分明显的周期。生命中还有一些更微妙的涉及智力发展的周期，它们循环重复出现，但是每个循环期总是各不相同，尽管每个循环期中都会再次出现从属的阶段。所以我选用了"有节奏的"这个词，它的基本意思是，在一个重复的结构中不同阶段的传送。忽视智力发展的这种节奏和特点是导致教育死板无效的一个主要原因。我认为黑格尔[1]把发展分成三个阶段是正确的，他称这三个阶段为命题、反题与综合。不过，将黑格尔的这一概念应用于教育理论时，我认为他的这些术语不能很恰当地引起人们的联想。说到智力的发展，我要用浪漫阶段、精确阶段和综合运用阶段来描述这一过程。

---

[1] 格奥尔格·威廉·弗里德里希·黑格尔（Georg Wilhelm Friedrich Hegel, 1770—1831），德国伟大的古典唯心主义哲学家，在客观唯心主义基础上提出系统的辩证法理论，著有《精神现象学》、《逻辑学》、《哲学全书纲要》等。

浪漫阶段

浪漫阶段是开始领悟的阶段。人们所讨论的题目具有新奇的活力；它自身包含未经探索的因果逻辑关系，也以丰富的内容为探索者提供了若隐若现的机会。在这个阶段，知识不受系统的程序支配。这种系统是为特定目的逐渐建立起来的。这时我们处于直接认识事实的阶段，只是偶尔对事实做系统的分析。从接触单纯的事实，到开始认识事实间未经探索的关系的重要意义，这种转变会引起某种兴奋，而浪漫的情感本质上就属于这样一种兴奋。譬如，克鲁索[1]仅仅是一个男人，沙土不过是沙土而已，脚印不过是脚印，岛屿就是岛屿，欧洲是人类忙碌的世界。然而，当你突然认识到与克鲁索、与沙土、与脚印、与和欧洲隔绝的荒岛有关的隐约可见的种种可能性时，你就会产生浪漫的遐想。我在说明这点时不得不用一个极端的例子，以便使我的意思明确无误。但是，我把它看作是代表发展循环期中的第一个阶段的象征。从本质上说，教育必须是将已存在于大脑中的活跃而纷乱的思想进行有序的排列：你不能教一个空洞的头脑。当我们构想教育时，往往容易将它局限于循环期的第二阶段，即精确

---

[1] 克鲁索（Crusoe），英国小说家丹尼尔·笛福笔下的人物，《鲁滨逊漂流记》中的主人翁。

阶段。但我们对教育做这种限制时必然会对整个教育问题产生错误的想法。我们应对大脑最初具有的活跃纷乱的思想、对掌握精确的知识以及对随后取得的成果都给予同样的关注。

精确阶段

精确阶段也代表一种知识的增加和补充。在这个阶段，知识的广泛的关系居于次要地位，从属于系统阐述的精确性。这是文法规则的阶段，所谓文法，是指语言的文法和科学的基本原理。在这个发展阶段，要使学生一点一点地接受一种特定的分析事实的方法。新的事实不断增加，但这是一些适合于分析的事实。

显然，如果没有前面所说的浪漫阶段，精确阶段是无结果的：如果对事实的一般规律缺乏模糊的理解，前面的分析就是一种毫无意义的分析。它不过是一系列关于单纯事实的无意义的陈述，是人为制造出来的，没有任何更多的意义。我要重复一遍，在这个阶段，我们并不只是停留在浪漫阶段产生的种种事实的范围里。浪漫阶段的事实揭示了可能具有广泛意义的种种概念，而在精确阶段，我们按照有条理的顺序获得其他事实，从而对浪漫阶段的一般内容做出揭示和分析。

综合运用阶段

最后的综合运用阶段相当于黑格尔的综合。这是补充了分类概念和有关的技能后重又回归浪漫。这是结果，是精确性训练始终追寻的目标。这是最后的成功。我担心我对明显的概念做出了一种枯燥无味的分析。我必须这么做，因为在下面的评论中，我预先假定我们对由三个阶段组成的循环期的基本特点已有清晰的概念。

循环的过程

教育应该是这样一种不断重复的循环周期。每一节课应该以其自身的方式构成一种涡式的循环，引导出它的下一个过程。而较长的时间则应该得出明确的结果，以形成新循环周期的起点。我们应该摈弃这种观念：为教育确定一种不现实的遥远的目标。如果教师在满足学生有节奏的渴望方面恰到好处地起激励作用，学生一定会不断地为某种成就而欣喜，不断地重新开始。

一个儿童最初的浪漫体验，是他认识到自己能够理解客体并领会客体间的逻辑关系。儿童智力发育的外在表现是，他注意自己的感觉与身体活动之间的协调。他的第一个精确阶段是掌握口语，并以口语为工具对他所观察研究的客体进行分类，加强对他与其他伙伴间感情关系的理解；他的第一个综合运用阶段是用语言去描述已分类的，并扩大了的对客体的欣赏。

智力发展的这种第一次循环，即从获得知觉到掌握语言，从掌握语言到获得分类思维能力和更敏锐的知觉，还需要进行更细致的研究。这是我们可以按其纯粹的自然状态进行观察的惟一的发展循环期。以后的循环期必然会受到目前的教育方式的影响而有所改变。很遗憾，最初的这次循环中的一个特点在随后的教育中不复存在了；我的意思是它已获得完全的成功。这个循环期结束时，儿童学会了说话，他头脑中的概念已进行了分类，他的知觉也变得敏锐了。这个循环达到了目的，它远远超过了大部分学生在大多数教育制度中所能取得的成绩。但为什么会如此？毫无疑问，当我们想到一个新生婴儿要面对的那种艰巨的任务时，会觉得他在智力发展方面似乎是毫无希望的。我想，这是因为婴儿周围自然的环境为他布置了一项正常发育的大脑完全适应的任务。我不认为一个儿童学会说话从而进行更好的思维这个事实有什么特别神秘的地方；但这确实为我们的思考提供了资料。

在随后的教育中我们还没有探索循环周期过程，这些循环过程在有限的时间内自然发展，在自身限定的范围内取得完全的成功。这种成功是婴儿自然循环周期中的一个显著特点。

然后，我们让儿童在10岁时开始学习某种科目，比如拉丁语，希望他通过统一的正规训练后，在20岁时取得成就。结果自然是失败，不仅表现在孩子对拉丁语的兴趣方面，而且在他的学习成绩方面也是如此。我这里用"失败"这个词，是将这个结果与第一个自然循环周期中的巨大成功相比较。但我并不认为这种失败是因为这些任务本身太困难，因为我知道婴儿阶段的循环周期才是最难的。失败的原因在于，这些任务是以一种非自然的方式指派给他们的，没有节奏，没有中间阶段成功所带来的刺激，也没有专注集中。

我还没有谈专注集中这个特点，而专注集中是与婴儿的发展明显地联系在一起的。婴儿的全身心都专注于他的循环周期中的训练，没有其他东西能够转移他的智力发展。在这方面，这个自然循环周期与随后学生阶段的发展之间存在着明显的差别。很显然，生活是多姿多彩的，因而人们的精神和智力自然也会多方面地发展，以便使他们适应于他们注定要生活于其中的五彩缤纷的世界。尽管如此，考虑到了这个事实，我们为随后的每个循环期保留一定的专注是明智的。我们尤其应该在循环期的同一阶段中避免各种不同科目间的竞争。旧教育的弊病在于对单一的无明显特征的科目给予无节奏的专注。我们今天的教育体制强调一种初级的普通教育，允许把知识分解到不同的科目中去，这同样是没有节奏的积累那些分散注意力的零碎知识。我呼吁，我们应把对学生直观理解来说各有其内在价值的不同的教学内容，调整到各个从属的循环周期中，通过这样的努力，使学生在大脑中形成一幅和谐的图案。我们必须在约定的季节收获庄稼。

青春期的浪漫

现在，让我们来看看我在前面的讲演中所论述的概念的一些具体应用。

最初的儿童循环周期之后紧接着是青少年循环周期，这个周期以我们经历过的最不寻常的浪漫阶段开始。儿童的性格特点正是在这个阶段形成的。一个儿童在青少年浪漫期所形成的特点，将决定理想和想象如何塑造和丰富他未来的生活。紧接着是伴随掌握口语和阅读能力而获得的综合运用能力。儿童循环周期的综合运用阶段比较短，因为儿童时期的浪漫素材很少。就"知识"这个词所包含的任何意义来说，婴儿关于世界的最初的知识确实是在第一个循环周期完成后才开始的，这样就导引出不寻常的浪漫阶段。各种概念、事实、关系、故事、历史、可能性、艺术性，它们以词语、声音、形状和色彩的形式涌入儿童的生活，唤起他们的感情，激起他们的鉴赏力，驱使他们做类似的活动。但令人悲哀的是，儿童时代的金色年华却常常笼罩在为应付考试而进行的填鸭式教学的阴影里。我说的是儿童时代中大约四年的时间，一般是在约8岁到12或13岁之间的这段时间。这是儿童利用母语，利用他已掌握的观察能力，学会应付周围环境的第一个重要阶段。婴儿不能应付身边的环境，但儿童能；婴儿不会观察，但儿童已学会观察；婴儿不会通过记忆话语来保留思想活动，但儿童已具备这种能力。儿童因此而进入了一个崭新的世界。

当然，精确阶段通过在较小的周期里重复出现而使自身延长，这些小周期在重要的浪漫阶段形成涡流。提高书写、拼写和计算能力，以及掌握一连串简单的事实，比如英国的历代国王，这些都属于精确的内容，对于训练儿童专注集中和作为有用的成绩都是十分必要的。然而，这些内容在性质上基本是不完整的；相反，重要的浪漫阶段的内容像洪水一样涌向儿童，将他推向精神世界的生活。

蒙台梭利教育法[1]的成功之处在于，它承认浪漫在智力发展的这个阶段所占的主导地位。如果这种解释成立的话，它也同样指出了该教育方法实用价值的局限性。这种教育方法在一定程度上对所有的浪漫阶段都是必不可少的。它的精髓是在知

---

[1] 蒙台梭利教育法，由意大利女教育家蒙台梭利（1870—1952）创立的教育体系，认为儿童具有创造潜力和个人主动精神，强调教育应使儿童的这种潜能得到自由的发展。

识王国里漫游和激发充满活力的创新,但是它缺乏精确阶段所必要的约束。

语言的掌握

当儿童的智力发展接近浪漫阶段的尾声时,这种周期性的发展过程使他开始注重培养学习准确知识的能力。这时,语言自然成为他专注的主要内容。这是他非常熟悉的表达方式。他了解反映其他文明和其他民族的生活的各种故事、历史传说和诗歌。因此,从11岁开始,儿童需要逐渐越来越专注于精确的语言知识。最后,从12岁到15岁的这三年时间应该主要用在语言上,这样计划便可以取得一个明显的结果,就其本身来说,这个结果是值得的。我想,在这段时间里,如果适当集中地利用时间,那么这段时间结束时,我们可以指望儿童已经掌握了英语,能够流利地阅读比较简单的法语文章,而且完成了拉丁语基础阶段的学习,我是指比较简单的拉丁语语法的准确知识、拉丁语句子结构的知识,以及阅读拉丁语作家的一些内容合适的作品片段,这些片段也许经过简写,常常还附有最优美的译文。这样,儿童们阅读原文,再加上译文,就能够将原书作为一个完整的文学作品来理解把握。我想,智力一般的儿童在学习英语、法语和拉丁语这三种语言时,很容易达到这种水平,只要他不因为学习其他各种要求精确性的科目而分散注意力。一些天赋更高的孩子会取得更好的成绩。拉丁语对这些孩子来说并不难,所以他们在这个阶段结束之前就可能开始学习希腊语,假如他们的兴趣是在文学方面,而且他们打算至少在未来的几年里还要继续学习希腊语的话。其他科目在这个时间表中占一个次要位置,因此我们将以一种不同的态度来对待它们。首先,必须记住,那些半文学性的科目,譬如历史,将融于语言学习中。如果不教学生一些关于欧洲历史的知识,他们几乎不可能阅读英国文学、法国文学和拉丁文学。我的意思并不是要放弃所有专门的历史教学。不过,我确实要建议,历史课应该用我前面所说的浪漫态度来处理,学生也不应该参加那种需要大量系统化地准确记忆细节的考试。

在智力发展的这个时期,科学应处于浪漫阶段中。学生们应该以不连续的精确思维活动独立观察,独立进行实验。不论是对理论的兴趣还是为技术目的,科学的重要性的实质在于将科学应用于具体的事物,而每一次这样的应用都会引出一个新的研究题目。因此,科学方面的一切训练都应该以研究开始,以研究结束,自始至终都应该把握自然中出现的主题。适合这个年龄的正确的指导形式,以及实验的准确的限度,都是取决于经验的问题。但我认为,这个发展时期对于科学的浪漫时期来说是理想的年龄。

二 教育的节奏

专注于科学

当孩子快到15岁时,语言上的精确时期和科学上的浪漫时期都接近尾声,继之而来的是语言上的综合运用时期和科学上的精确时期。这应该是一个短暂的时期,但却至关重要。我考虑的这个时期大约为一年,我的意思是,应该明确地改变先前课程中的那种平衡。这时的学习应该集中于科学,大大减少语言学习方面的课程。紧接着前面浪漫阶段的学习,用一年时间侧重于科学,应该使每一个学生了解决定力学、物理学、化学、代数学和几何学诸学科发展的各种主要的原理;使他们明白,他们不是开始学习这些科目,而是通过真正系统阐述这些学科的主要概念,来把以前分科学习的东西融合在一起。譬如,以代数学和几何学为例,我选择这两科是因为我对它们多少有些熟悉。在前三年里,学生已经学习了将最简单的代数公式和几何命题应用于解决测量问题,或其他涉及计算的科学工作。用这种方法,通过强调用确切的数字表达结果,学生们的算术知识得到了加强,他们也熟悉了用字母表达的公式和几何命题的概念;通过反复学习还掌握了一些简单的使用方法。因此,在熟悉各种科学概念的过程中没有很多时间可以浪费。学生们准备好学习那些他们应该完全掌握的少量代数学原理和几何学原理。此外,在前个时期,一些男孩子会表现出数学方面的天资，他们将会继续有所发展，而且在最后一年里以牺牲某些其他科目为代价侧重数学学习。这里我只是以数学为例来加以说明。

与此同时，语言学习的循环周期处于综合运用阶段。在这个阶段，语法和作文方面的严格细致的学习终止了。这时，语言学习限于阅读文学作品，着重于作品的思想和一般的历史背景。分配给历史课的时间也将用来细心研究一段比较短的特定的时期，选择这一特定的时期，是为了确切说明在某一重要时代确实发生的事情，也是为了表明如何对一些历史人物和政策做出简单的判断。

至此，我大体上勾画出了从婴儿阶段到大约16岁半这段时间教育发展的过程，着重于生命充满活力的有节奏的跃动。普通教育以这样的方式进行是可行的，学生自始至终具备这样的有利条件，即他专注集中，而且充满活力。因此，精确性总是说明已经理解而又迫切需要处理的主题。每个学生将会依次把精力集中专注于各个不同的科目，而且会知道自己擅长哪一门科目。最后——这是我最珍视的目标——理科学生将既得到非常宝贵的文学教育，同时在他们可塑性最强的年龄阶段，初步养成在科学领域里独立思考的习惯。

在16岁之后，新的问题出现了。对文科学生来说，科学知识的学习这时进入了综合运用阶段，主要是以讲座的形式阐述科学的主要成果和一般概念。语言、文学、历史诸科目学习的新周期开始了。但更多的细节这时已不再必要。对于学习科学的人来说，前面所说的精确阶段要继续到中学课程学习结束，学生在更广阔的范围里加深对一般概念的理解。

然而，教育的这个阶段所存在的问题太个体化了，或者说，至少可以分解成太多的个案，以至于不可能有普遍通用的解决办法。不过，我仍然建议所有的科学家们现在应该继续学习而不要荒废他们的法语；假如他们还没有掌握德语的话，那么就开始学习德语。

大学教育

如果你们还有耐心继续听我的讲演的话，我现在愿意谈谈与大学教育有关的那些思想观念的重要意义。

从婴儿到成年的整个发展时期形成了一个大循环周期。在这个循环期里，浪漫阶段覆盖了儿童生活最初的12年，精确阶段包含青少年在中等学校接受教育的整个时期，而综合运用阶段则是青年迈向成人的阶段。对于那些完成义务教育后继续接受正规教育的人来说，大学课程或相当于大学水平的课程属于很重要的综合运用时期。在大学教育中，综合运用精神应占主导地位。大学的课堂应该面向那些对细节和过程都已熟悉的人；换句话说，所谓熟悉，至少是指他们先前进行过的训练非常适合这些细节和过程，因此很容易掌握它们。在中学阶段，从智力培养方面来说，学生们一直伏案专心于自己的课业；而在大学里，他们应该站立起来并环顾周围。正因为此，如果大学的第一年仍然耗费在用旧的态度重温旧的功课，那是致命的错误。在中学里，学生通过艰苦的努力，从特殊具体的事实到初步了解一般的概念；而在大学，他们应该从一般概念开始，进而研究如何将这些概念应用于具体的场合。一种设计得很好的大学课程是对普遍规律进行的广泛研究。我并不是说这种研究是脱离具体事实的抽象研究，我的意思是，应该对具体的事实进行研究，让它们说明一般的概念。

智力的培养

智力培养是大学教育中的一个方面，在这里，理论兴趣和实际功用相一致。不管你向学生灌输的是什么细节，他在以后的生活中遇到这种细节的机会是很小的；如果他确实遇到这种细节，那时他也许已忘记了你曾教他的有关此事的情况。真正有价值的教育是使学生透彻理解一些普遍的原理，这些原理适用于各种不同的具体事例。在随后的实践中，这些成人将会忘记你教他们的那些特殊的细节；但他们潜意识中的判断力会使他们想起如何将这些原理应用于当时具体的情况。直到你摆脱了教科书，烧掉了你的听课笔记，忘记了你为考试而背熟的细节，这时，你学到的知识才有价值。你时刻需要的那些细节知识将会像明亮的日月一样长久保留在你的记忆中；而你偶然需要的知识则可以在任何一种参考书中查到。大学的作用是使你摆脱细节去掌握原理。当我提到原理时，我甚至没有想到用文字阐述的原理。完全渗透你身心的原理与其说是一种正式规范的陈述，不如说是一种智力活动的习惯。这种智力习惯成了大脑对适当刺激的反应方式，刺激表现为具体的情况和事实。没有人在做一件事的时候，他掌握的知识会清晰自动地出现在脑海里。智力培养不过是人在行动时大脑以一种令人满意的方式进行运转。学习常常被说成是这样一种事情：就好像我们在注意看着我们读过的所有书籍的翻开的书页，然后，当机会出现时，我们选取正确的那一页，大声地向世人朗读。

幸运的是，实际情况与上述不成熟的想法并不矛盾。因此，追求纯理论知识和获得专业知识之间的对立，远没有我们用一种错误的教育观点看这个问题时那样严重。我可以用另外的方式来阐述我的论点，即一所大学的理想与其说是知识，不如说是力量；大学的目标是把一个孩子的知识转变为成人的力量。

智力发展的节奏特点

我以下述两点结束我的讲演，我希望用向你们提出告诫的方式提出这两点，以说明我的意思。本次讲演的要点是智力发展的节奏特点。人类内心的精神生活宛如一张由千丝万缕的线织成的网络。缕缕网线并非都以相同的延伸长度连接到一起。我曾考察在比较顺利的环境里中等资质的儿童各种能力的正常发展，以此来说明这点。也许我误解了这种平常的现象。因为事实复杂而难于辨认，我的这种误解是完全可能的。但是，不要让这方面的任何失败使你们对我要强调的主要论点产生偏见。我的主要论点是，智力的发展表现为一种节奏，这种节奏包含一种交织在一起的若干循环周期，而整个过程作为发展中的小旋涡，又受一个具有相同特点的更重要的循环周期的控制。此外，这种节奏显示出某些可确定的普遍规律，这些规律对大部分学生来说都是合理的。我们应当改进教育质量，使教育适应学生在这个发展节奏中已经达到的阶段。课程问题不完全是一系列的科目；因为所有的科目基本上都应该在智力发育的启蒙时期开始。真正重要的顺序，是教育应该采用的涉及质量的顺序。

我要告诫你们的第二点是，请你们不要夸大一个循环周期中三个阶段之间的明显差别。我想，你们中的很多人在听我详细论述每个周期中的三个阶段时一定会这样想：数学家多么喜欢做这种正式的分类啊！我可以肯定地告诉你们，不是数学，而是文学上的无能，可能使我犯过我此刻告诫你们须避免的那种错误。当然,我是指各阶段的侧重不同,主要特质不同——浪漫,精确,综合运用,自始至终存在着。但是,占主导地位的阶段交替出现,正是这种交替构成了各个循环周期。

三 自由与纪律的节奏

理想的逐渐消失可悲地证明了人类的努力遭受了挫折。在古代的学园中,哲学家们渴望传授智慧,而在今天的大学里,我们卑微的目的却是教授各种科目。从古人向往追求神圣的智慧,降低到现代人获得各个科目的书本知识,这标志着在漫长的时间里教育的失败。我并不坚持认为,在教育实践中古人比我们更成功。你只需去读一读卢奇安[1]的作品,注意他笔下对各派哲学家的自命不凡的主张所进行的戏剧化的讽刺,你就会明白,古代的圣人们并不能夸耀在教育方面比我们高明。我只是想说明,当欧洲文明的曙光初露时,人类最初是怀着种种完美的理想的,这些理想本该促进教育;但渐渐地,我们的理想为了与实践保持一致而变得淡漠了。

当理想降低到实践的水平时,其结果便是停滞不前。特别是当我们把智力教育看作仅仅是为了获得机械呆板的大脑能力,看作仅仅在于对有用的原理作系统的叙述,那么就不可能

---

[1] 卢奇安(Lucian,约120—180后),古希腊修辞学家和讽刺作家,其作品富于机智和嘲讽,对当时哲学、文学和知识界生活等方面的虚妄、欺骗性和愚昧现象多有深刻的批判。

三　自由与纪律的节奏

有任何进步，尽管在对课程大纲无目的的重新安排中，在回避那不可避免的时间短缺的徒劳的努力中，将会进行许多活动。我们必须接受这样一个无法回避的事实：上帝创造了这样一个世界，其中众多的知识主题绝非一个人所能够掌握。罗列每个人都应该掌握的各种科目，用这种方法来对待这个问题是毫无希望的。知识的科目太多了，每一个科目都有其存在的充分证明。也许这种知识材料的过剩对我们来说是一种幸运，因为对重要原理处于一种愉快的无知状态，使世界变得有趣了。我非常希望你们铭记于心的是，虽然智力教育的一个主要目的是传授知识，但智力教育还有另一个要素，比较模糊却更加伟大，因而也具有更重要的意义：古人称之为"智慧"。你不掌握某些基本知识就不可能聪明；但你可以很容易地获得知识却仍然没有智慧。

智慧是掌握知识的方式。它涉及知识的处理，确定有关问题时知识的选择，以及运用知识使我们的直觉经验更有价值。这种对知识的掌握便是智慧，是可以获得的最本质的自由。古人清楚地认识到——比我们更清楚地认识到——智慧高于知识的必要性。但是很遗憾，他们在教育实践领域中追求智慧时却犯了错误。简单地说，他们的教育实践假定，请来哲学家对青年人滔滔不绝地讲演就可以向他们传授智慧。所以，那个时代的学园里出现了一大批靠不住的哲学家。通往智慧的惟一的道路是在知识面前享有自由，但通往知识的惟一途径是在获取有条理的事实时保持纪律。自由和纪律是教育的两个要素，所以我今天讲演的题目便是"自由与纪律的节奏"。

教育中自由与纪律的对立，并不像我们对这两个词的意思进行逻辑分析时所看到的那么明显。儿童的大脑是一个不断发育的有机体。一方面，它并不是一个要被人无情地塞满各种陌生思想的匣子；另一方面，用有序的方式掌握的知识，对正在发育的大脑来说则是天然的食品。因此，一种设计完美的教育，其目的应该是使纪律成为自由选择的自发的结果，而自由则应该因为纪律而得到丰富的机会。自由和纪律这两个原则并不对立，在儿童的生活中应该对它们进行这样的调节，使之适应个性发展的自然变化。我在其他场合所说的教育的节奏，正是指调节自由与纪律以适应儿童个性的自然发展。我确信，过去许多令人沮丧的失败都是由于忽略了这种节奏的重要意义。我的主要观点是，教育的开始阶段和结束阶段的主要特征是自由，但是有一个纪律占主导地位的中间阶段，这时自由从属于纪律。此外，我还认为，并没有一个惟一的由自由—纪律—自由构成的三重循环，而是整个智力发展是由多个这样的三重循环阶段交替构成。每个这样的循环是一个单独的细胞，或者可看作是一块砖；智力发展的整个过程是由众多这种细胞构成的有机体组织。在分析任何一个这样的细胞时，我称第一个自由阶段为"浪漫阶段",称中间的纪律阶段为"精确阶段",称最后的自由阶段为"综合运用阶段"。

现在,让我来详细说明我的观点。智力发展离不开兴趣。兴趣是专注和颖悟的先决条件。你可以用教鞭来极力引起兴趣,或者通过愉快的活动激发兴趣,但没有兴趣就不会有进步。快乐是刺激生命有机体合适的自我发展的自然方式。婴儿对母亲和乳母的爱使婴儿去适应周围的环境;我们吃饭是因为我们喜爱美味的菜肴;我们征服大自然,是因为我们受一种永不满足的好奇心的驱使去探索奥秘;我们喜欢运动锻炼;我们欣赏仇恨危险的敌人时所怀有的那种非基督徒的激情。毫无疑问,痛苦是促使有机体行动的一种次要的方式,但这只是在缺乏欢乐之后才发生;快乐是以正常健康的方式刺激生命力。我并不是说我们可以安然无事地沉溺于当前娱乐的诱惑中,我的意思是,我们应该寻找那种符合自然发展规律的模式,而它本身又是令人愉快的。居于次要地位的严格纪律必须以保证某种长远的利益为目的;尽管合适的目标不能过低,如果要保持必要的兴趣的话。

我想说的第二点是,空泛无益的知识是微不足道的,实际上是有害的。知识的重要意义在于它的应用,在于人们对它的积极的掌握,即存在于智慧之中。人们习惯上认为,知识本身——而不是和智慧一起——会使知识的拥有者享有一种特殊的尊贵。我对这种知识却缺乏敬意。知识的价值完全取决于谁掌握知识以及他用知识做什么。使品格伟大崇高的知识是这样一种知识，它改变每一方面的直觉经验。正是对知识的这种活动性而言，在教育中过分强调纪律是十分有害的，那种生动活跃的思维习惯只能在恰当的自由氛围中产生。不加区别的纪律使大脑变得麻木不仁，因而无法达到实行纪律的目的。如果你经常接触从中学和大学毕业的年轻人，你很快会注意到那种头脑迟钝的人，他们所受的教育便是掌握死板的知识。此外，英国社会在学术方面可悲的风气也是我们教育失败的一个标志。而且这种急于传授单纯的知识的做法只会适得其反。人的大脑拒绝接受以这种方式传授的知识。青年人天生渴望发展和活动，如果用一种枯燥的方式将受纪律束缚的知识强加给他们，会使他们感到厌恶。当实行纪律时，纪律应该满足对智慧的一种自然渴望，因为智慧可以使单纯的经验具有价值。

现在我们来更仔细地考察人类智力的这种自然渴望的节奏。人的大脑在一个新环境里发展的第一步程序，是在众多杂乱的概念和经验中进行某种推论活动。这是一个发现的过程，一个逐渐习惯于奇特想法的过程，想出问题并寻找答案的过程，设计新体验的过程，注意新的探险活动会引起什么结果的过程。这个普通的过程既自然又十分有趣。我们一定常常注意到8岁至13岁的孩子专注于这个令人激动的过程中。在这里，

三 自由与纪律的节奏

奇妙支配一切，破坏奇妙的人应该受到诅咒。毫无疑问，这个发展阶段需要帮助，甚至需要纪律，必须细心选择大脑活动的环境。当然，选择的环境必须适合孩子的成长阶段，必须适应个人的需要。从某种意义上说，这是一种过分的要求；但从更深一层意义上说，这符合儿童内心生活的需求。在教师的观念里，儿童是被送到望远镜前去看星星；但是，在那个儿童看来，他得到了机会可以自由地去观察那一片灿烂的星空。假如对强加给儿童的这种习惯做法不进行改变，即使是最愚笨的孩子，他的天性也会拒绝吸收外界陌生的知识材料。必须记住，教育绝不是往行李箱里装物品的过程，这种比喻完全不适用。当然，教育是一种完全具有自身特点的过程。与这种过程最相似的是生物有机体吸收食物的过程：我们都知道，在适当的条件下，可口的食物对于健康是多么必要。当你把靴子放入行李箱后，它们会一直留在那里直到你把它们取出来为止；但是你若给一个孩子喂了不合适的食物，情况就完全不同了。

这个最初的浪漫阶段需要另一种方式的引导。毕竟，儿童是悠悠岁月文明的继承者，让他在冰河时代人类知识的迷宫里游荡是荒诞的。因此，适当地指出重要的事实，指出简化的概念，指出普通常见的名称，确实会加强学生固有的动力。在任何阶段的教育中，你都不能没有纪律，或没有自由；但是在浪漫阶段，必须永远侧重于自由，让儿童独自去领会，独自去行动。我的观点是,对正在成长的儿童来说,浪漫阶段的自然发展尚未结束时就对精确性进行训导,必然会妨碍他对概念的吸收。除了浪漫以外,没有领悟。我坚持认为,以往的教育之所以如此的失败,就是因为没有对浪漫应有的地位进行认真的研究。没有浪漫的冒险,至多你只能得到缺乏创新的死板的知识,而最坏的情况则是你轻视概念——根本无知识可言。

但是,当我们对这个浪漫阶段进行了适当的引导后,就会出现另一种渴望。儿童缺乏经验的新鲜感已逐渐消失;他们具有以客观事实和理论为基础的一般知识;而最重要的是,他们已经能够在直接经验中进行独立的漫游,包括思想和行动方面的探险。这时,精确的知识所给予的启发已能够为他们所理解。它符合对常识的明显要求,涉及熟悉的知识材料。这时便可以继续向前发展,准确地理解某一科目,记住它的显著特点。这就是精确阶段。无论是中学还是大学,在传统的教育计划中,精确阶段都是惟一的学习阶段。在这个阶段,你必须学习你的课程,对教育这个题目不必多说。如此不适当地延长这个十分必要的发展阶段,其结果是培养了大量的书呆子,只有少数学生,他们天生的兴趣和爱好没有被毗湿奴的车轮碾碎[1]。确实,人们总是想教给学生多一点儿事实和准确的理论,

---

[1] 毗湿奴(Juggernaut)为婆罗门教和印度教三大神之一。相传每年宗教节庆时信徒用巨车载其神像游行,多有善男信女自愿投身死于车轮之下。

三 自由与纪律的节奏

超过他们在那个成长阶段所能吸收的范围。如果他们真的能够吸收，那就会很有用了。我们——我说的是中小学校长和大学教师们——往往容易忘记，在成年男子的教育中，我们只起次要的作用；忘记了我们的学生在他们自己愉快的时光里，在他们以后的生活中，他们将要独立学习。成长不能超越特定的很小的范围。但是，一个不熟练的开业医师会很容易地损害一个敏感的有机体。尽管已经告诫了一切，但还是会发生这样的事情：匆匆向前，去了解基本细节和主要的准确的推论，以及不费力地熟练掌握技巧。不能回避这个事实：东西已经都有了，你若想在现代世界里发挥作用，就必须充分掌握最好的实践方法。写诗你必须学习诗歌的格律；建造桥梁你必须熟悉材料强度。即使是希伯来人的先知还学习了写作，或许当时写作需要人们付出巨大的努力。天才所具有的那种天生的技艺，用《祈祷书》上的话来说，是天真地创造出来的一件没有实在意义的东西。

浪漫是精确阶段的背景。精确阶段受这样一个无法回避的事实支配：有正确的方式和错误的方式，还有需要知道的确切的真理。但浪漫不是无生命的，它是这样一种艺术：教人们在专注于指定的工作时如何培养浪漫。浪漫必须加以培养，因为浪漫毕竟是我们要得到的那种和谐的智慧中的一个必要的组成部分。但是还有另一个原因：如果生命有机体的领悟力不能通过浪漫而保持新鲜的活力，它就不能吸收工作的果实。重要之点是，在实践中找到自由和纪律之间那种准确的平衡，它能使求知获得最大的收获。我不相信有任何抽象的规则可以为所有科目、为各种类型的学生或为每一个学生提供合适的知识；这里不包括我始终坚持的那种具有节奏性变化的规则，即在发展的早期应注重自由，中期偏后则应强调确实掌握指定学习的知识。我坦率地承认，如果浪漫阶段安排得较好，那么第二个阶段的纪律问题就不那么明显，那时儿童们就知道如何去完成他们的工作，他们就想把工作做好，对他们所做的各种事情就可以放心。此外，我坚持认为，就纪律本身的重要性而言，惟有自我约束才是纪律，惟有通过享有广泛的自由才能得到这种纪律。但是——教育中有这么多微妙之处须要考虑——在生活中必须养成这种习惯：愉快地去完成必须做的工作。如果这些工作符合学生发展阶段的自然需要，如果它们能使学生充分发挥自己的能力，如果它们能取得明显的结果，如果在做的过程中允许适当的自由，那么就能达到要求。

讨论一个出色的教师如何使他的学生保持充满活力的浪漫，其困难在于，花长时间描述的理论付诸实践时往往只用很短的时间。维吉尔诗文的优美，可以通过强调文字清晰的发音所产生的悦耳效果来传达，而不是用冗长的发声来表达。强调一个数学论证的优美，通过列举一般原理来阐明复杂的事实，

三　自由与纪律的节奏

这是最快的过程。教师在这个阶段的责任是十分重大的。直言之，除了极少数有天分的教师外，我认为不可能使全班学生在精确方面充分发展而不或多或少削弱他们的兴趣。很遗憾，我们面临这种两难的选择：首创精神和训练缺一不可，但训练又往往会扼杀首创精神。

但是，承认这点并不是容忍对减缓这个难题的方法抱一种无知的态度。这不是一种理论上的需要，之所以如此，是因为在处理每个个别的情况时没有完美的方法。以往采用的方法扼杀了兴趣；我们是在讨论如何将这种罪恶减少到最小程度。我不过是提出这样一个忠告：教育是一个难题，不能用一种简单的公式来解决。

然而，在这方面有一个实际的问题被人们大大地忽略了。浪漫兴趣的领域广泛而不明确，无法用任何清晰的界限来确定，它取决于偶然闪现的悟性；而精确知识的领域，正如在任何普通的教育体系中所要求的那样，可以而且也应该做出明确的界定。假如你将范围定得太宽，你会扼杀学生的兴趣，使你的目标落空；若将范围定得过窄，学生将不能有效地掌握知识。确实，在每一种类型的课程中，每门科目所要求掌握的精确知识，都应在经过最审慎的调查后予以确定。然而，目前任何有效的方法似乎都并非如此。例如，那些注定要从事科学工作的孩子们——我对这类学生极感兴趣——他们在学习古典文化课时应该掌握多少拉丁语词汇？他们应该学习哪些语法规则和文法结构？为什么不一劳永逸地将这些确定下来，然后使每种练习有助于学生记忆这些词汇和语法，并了解由它们派生出来的拉丁语、法语和英语词汇和语法。至于那些在阅读课文时遇到的其他结构和词语，可以用最容易的方式提供充分的知识。某种彻底的确定性在教育中是绝对必要的。我肯定，成功的教师有一个秘诀：他在自己的脑子里清楚地确定了学生必须以精确的方式掌握的东西。因此，他不用勉强让学生为熟记许多次要的不相关的知识而烦恼。成功的秘诀是速度，速度的秘诀是集中精力全力以赴。但是，就精确的知识而言，秘诀是速度，速度，速度。快速获取知识，然后应用它。如果你能应用知识，你便能牢牢地掌握它。

我们现在来讨论这种有节奏的循环周期中的第三个阶段，即综合运用阶段。在这个阶段会有一种对浪漫的反动。这时，学生已了解了一些确切的知识，已养成了学习的悟性，已清楚地理解了对一般规则和原理的系统阐述和详细例证。学生这时想使用他掌握的新武器。他是一个有效的个体，他想产生的是效果。他重新回到浪漫阶段那种散漫的探险中，不同的是，此时他的大脑好像是一个训练有素的团队，而非乌合之众。从这个意义上说，教育应该以研究开始，并以研究告终。毕竟，教育从整体上说不过是使受教育者做好准备，去迎战生活中的各

三 自由与纪律的节奏

种直接经历，用有关的思想和恰当的行动去应付每时每刻出现的情况。教育如果不以激发首创精神开始，不以促进这种精神而结束，那必然是错误的教育。因为教育的全部目的就是使人具有活跃的智慧。

我在数所大学任教，对学生们麻木不仁的思维深感惊讶，这种麻木的思维来自于漫无目的地积累死板的精确知识而对它们又不加利用。大学教师的主要目的应该是展示自己真实的特质——即像一个无知的人那样思考，那样积极地利用他那一点有限的知识。从某种意义上说，随着智慧增长，知识将减少：因为知识的细节消失在原理之中。在生活的每一种业余爱好中，你可以临时学到那些重要的知识细节；但养成习惯去积极地利用透彻理解的原理才算最终拥有了智慧。精确阶段是通过掌握精确的知识细节进而领悟原理的阶段；综合运用阶段是摆脱知识细节而积极运用原理的阶段，这时细节退回潜意识的习惯中。我们不用在脑子里清晰地记住二加二等于四，尽管我们曾经不得不牢记它。对于初等算术，我们依赖于以往的习惯。但是，这个阶段的本质是，脱离那种被训练的比较被动的状态，进入主动应用知识的自由状态。当然，在这个阶段，精确的知识将会增长，而且比过去更活跃地增长，因为大脑已经感受到了确定的力量，并对获得普通原理和丰富例证做出反应。但是，知识的增长成为一种越来越无意识的过程，就好像是来自于活跃的思想探险中的一次事件。

关于智力发展节奏的三个阶段就讨论到这里。一般来说，教育的全过程受这三重节奏的支配。浪漫阶段一直延续到13岁或14岁，从14岁到18岁是精确阶段，18岁到22岁是综合运用阶段。但这只是一般的类型，大致描绘出整个的发展模式。我认为，没有一个学生在学习各个科目时是同时完成这三个阶段的发展。譬如，我可以说，当语言学习开始进入精确阶段，即开始掌握词汇和语法时，科学学习应该处于完全的浪漫阶段。语言学习的浪漫阶段始于婴儿时期的学话阶段，因此较早进入精确阶段；相比而言，科学学习阶段的发展则较为滞后。因此，如果在比较小的年纪被反复灌输精确的科学知识，就会扼杀学生的首创精神和求知兴趣，使学生不可能理解科学题目的丰富内容。因此，在语言学习的精确阶段开始之后，科学学习的浪漫阶段还应持续若干年。

在各个阶段的发展中，每天、每星期、每个学期都有若干较小的旋涡，它们本身又包含着三重循环。学生大体上理解某个模糊的题目，掌握相关的细节，最后按照相关的知识将整个科目归纳在一起。除非学生不断地为兴趣所激发，不断获得技能，不断为成功而兴奋，否则他们永远不能进步，而且注定会失去信心。总的来说，在过去的30年里，英国的中学一直在向大学输送失去勇气和信心的年轻人。这些年轻人就像是打

三　自由与纪律的节奏

了预防针，不再有任何智慧的火花迸发。大学的教育进一步支持了中学的做法，更加剧了这种失败。结果，年轻人活跃欢乐的情绪转向其他题目，使英国的知识界不愿意接受思想。当我们能够指出我们民族的伟大成就——我希望不是战争方面的成就——这种成就又是在学校的教室里而不是在运动场上赢得的，那时，我们就可以对我们的教育方式感到满意。

至此，我一直在讨论智力发展的教育，我的论点局限在一个很小的范围里。毕竟，我们的学生是充满活力的，你不能像拆拼图游戏的七巧板那样，把他们拆散成分离的小块。人们在生产一种机械结构时，结构的能量来自外部，它将互不关联的独立的部分加在一起。但是，生命有机体的情况却完全不同，它是靠自我发展的冲动而成长。这种冲动可以受外界激励和引导，也可能被外界的力量扼杀。尽管你可以激发和引导这种冲动，但智力发展的创造性冲动来自于内部，而且完全为个体所特有。教育便是引导个体去领悟生活的艺术，我所说的生活的艺术，是指人的各种活动的最完美的实现，它表现了充满生命力的个体在面对环境时所具有的潜力。这种完美的实现涉及一种艺术的鉴赏力，使不可分的个性从较低的水平进入较高的水平。科学、艺术、宗教、道德，它们在对生命结构的各种价值的鉴赏中得到升华。每一个个体都体现一种生存的探险，生活的艺术便引导这种探险。人类文明的伟大宗教从一开始就反对将道德规范作为一套独立的禁律向人们反复灌输。道德，就这个词的否定意义来看，它是宗教的死敌。保罗[1]指责律法，福音书[2]激烈反对法利赛人[3]。每一次宗教暴乱都表现出同样激烈的对抗——宗教衰微之时对抗也随之消亡。没有一种教育比道德教育和宗教教育从关注智力发展的节奏原理中得益更多。不管制订宗教规则的正确途径是什么，坚持提前进入精确阶段对宗教来说意味着死亡。宗教的生命力由这种方式得到证明：宗教精神经历宗教教育的磨难而不死。

教育中的宗教问题在我现阶段的讲演中是一个过于复杂的问题，无法在此进行讨论。我提到它是为了避免这种怀疑，即这里所倡导的原则将要用一种狭隘的意思来表达。我们正在分析处于生命较高级阶段的节奏性发展的一般规律，它体现了初始的智力觉醒、智力训练，以及在较高级阶段的成果。我现在坚持认为，发展的本能来自内部：发现是由我们自己做出

---

[1] 保罗（Paul，10？—67？），犹太人，曾参与迫害基督徒，后皈依基督教，成为基督教历史上杰出的人物。他保留下来的书信是现存最早的基督教文献。
[2] 福音书（Gospels），基督教《圣经·新约》中的四卷，包括《马太福音》、《马可福音》、《路加福音》和《约翰福音》，记述耶稣基督的生平和受难。
[3] 法利赛人（the Pharisees），公元前2世纪至公元2世纪犹太教内的一个派别，他们遵守《圣经》中的律法，同时也坚持口传律法具有约束力，强调维护犹太教的传统。其神学思想对后世犹太教有影响。据福音书载，耶稣称法利赛人为伪君子。

的,纪律是自我约束,成果是来自于我们自己的首创精神。教师具有一种双重的作用:他以自己的人格和个性激起学生的热情,同时创造具有更广泛的知识和更坚定的目的的环境。他的作用是避免浪费,而浪费在生存的较低级阶段是自然的进化方式。根本的动力是对价值的鉴赏,是对重要性的认识,这在科学、道德和宗教中都是一样的。使个性与超越自我的东西融合,需要各种形式的疑惑、好奇、尊敬或崇拜,以及各种形式的强烈欲望。这种对价值的鉴赏为生活增加了不可思议的劳作;若没有这种鉴赏,生活将回复到比较低级的消极状态中。这种力量的最深刻的表现是对美的鉴赏,对已实现的完美事物的审美能力。这就使我提出下面这个问题:在现代教育中,我们是否对艺术的作用给予了充分的重视?

我国公学特有的教育是为富裕而有教养的家庭的男孩子们设计的。他们到意大利、希腊和法国旅行,而且,他们的家就常常处于那种美的环境中。然而,这种情况在如今小学或中学进行的国民教育中已不再继续,甚至对于我们扩大了的公学体制中的大多数男女学生来说也不复存在了。在精神生活中,你忽视像艺术这样重要的因素必然会蒙受损失。我们的审美情感使我们对价值具有生动的理解。如果你伤害这种理解,你就会削弱整个精神领悟系统的力量。要求在教育中享有自由,这本身就包含了这样的必然结果:必须注重健全的个性发展。你绝不能武断地拒绝这种紧迫的要求。在当今经济发展的时代，我们常听到这样的说法：教育方面的努力是徒劳无益的，可以减少这种努力。试图削弱智力发展的做法必然导致巨大的失败，而我们在全国的学校中正是这样做的。我们所做的仅仅是激发，而没有足以使人满意。历史向我们表明，艺术的繁荣昌盛是各民族迈向文明之路的首要活动。然而，面对如此明确的事实，我们在实践中却使大众与艺术隔绝。这样一种唤起强烈愿望又使之落空的教育将导致失败和不满，难道我们对此还会感到奇怪吗？这整个过程的愚蠢之处在于，各种简单而受人喜爱的艺术正是我们无须支出很多就可以给予全体国民的东西。通过一些伟大的改革，你们或许能够消除比较艰苦而繁重的劳动，或许能够得到就业的保障。但是你们永远不能大幅度地提高国民的平均收入，在这方面，理想国那充满希望的大门对你们是关闭的。然而，我们并不需要付出巨大的努力就能利用我们的学校培养出这样的国民：他们对音乐有所热爱，对戏剧能够欣赏，喜欢美的造型和色彩。我们也能够在人民的普通生活中提供满足这些情感的方式。如果你们考虑最简单的方式，你们将看到，物质资源的紧张情况是微不足道的；而当你们这样做了，当你们的人民普遍意识到艺术所能给予的一切——种种欢乐与恐怖——你们难道不认为，你们的预言家们、你们的牧师们以及你们的政治家们，当他们对人民宣传爱上帝，宣传义

三　自由与纪律的节奏

不容辞的责任和爱国主义精神的召唤时，他们将处于一种更强有力的地位？

莎士比亚为在美丽的乡间成长起来的英国人民写下了他的剧作，那时，世界从中世纪转入文艺复兴时代，向人们展现出华丽多彩的生活画卷；在大海的对面，一个崭新的世界使浪漫精神的召唤充满生气。今天，我们面对的是在一个科学时代里成长起来的聚居在都市里的人民。我毫不怀疑，假如我们不能用新的方法去迎接新的时代，为我们的人民保留精神生活，那么，无法实现的渴望迟早会狂暴地发作，那时英国将重蹈俄国的覆辙。历史学家们将为英国写下这样的墓志铭：英帝国的衰亡是由于她的统治阶级精神上缺乏远见，由于他们那种单调的物质主义，以及他们像法利赛人那样忠诚于政治家治国的狭隘准则。

四　技术教育及其与科学和文学的关系

本次讲演的主题是技术教育。我希望考察技术教育的本质及其与文科教育的关系。这种探索有助于我们认识国家技术培训体制成功运转所需要的条件。这也是数学教师们热烈争论的一个问题，因为大多数技术课程都包括数学。

不管我们在制订近期可望取得的目标时是多么谦虚，如果我们在自己的脑子里设计出我们期望达到的最完美的典型之前就投入这样的讨论，那是不现实的。

人们对完美的理想感到羞怯，因此，我们发现一位现代剧作家[1]通过一个神经错乱的神父之口描绘了一种人类的理想状态："在我的梦中，那是这样一个国度：国家就是教会，教会就是人民，三位一体；那是一个国家，其中工作就是娱乐，娱乐就是生活，三位一体；那是一座教堂，那里神父就是拜神者，拜神者就是受敬拜的人，三位一体；那是神，众生都有人性，所有的人都有神性，三位一体。简言之，那是一个神经错乱者的梦。"

---

[1] 参看萧伯纳的《英国佬的另一个岛》(*John Bull's Other Island*)。

四 技术教育及其与科学和文学的关系

在这段话中我所看重的东西体现在那句话里:"那是一个国家,其中工作就是娱乐,娱乐就是生活。"这是技术教育的理想。当我们用这句话来对照生活中的现实时,它听起来却是完全不可思议的:现实中我们看到的是芸芸众生在艰难地劳作,他们疲倦,不满,精神上冷漠,然后还有那些雇主——我并不是在做社会分析,但我要使你们和我一起承认,社会现实与理想相去甚远。而且,我们同意,如果一个雇主按"工作应该是娱乐"的原则来经营管理他的车间,不出一个星期他就会破产。

在寓言和现实中,人类遭受的苦难是,只有流汗才能生存。但是,理性和道德的直觉却在这种苦难中看到了人类前进的基础。早期本笃会的僧侣们乐于劳作,是因为他们使自己相信,他们这样做时就与基督同在。

去掉神学的外衣,基本的思想仍然清晰可见:工作应该充满智慧和道德的想象,因此而克服枯燥乏味和劳累痛苦,成为一种乐趣。我们每个人将按照自己个人的观点,用一种更具体的形式来重新说明这个抽象的表述。就照你喜欢的方式来说明,只要你在细节中不遗漏要点。不管你怎样用语言表达这个思想,它仍然是辛勤劳作的人类所怀有的惟一真实的希望;这掌握在技术教师的手中,掌握在那些控制活动范围的人们手中:应该这样塑造全体国民,使他们以昔日僧侣们的那种精神去从事他们每日的劳动。

我们的国家目前迫切需要大量有技能的工人、有创造天赋的人才和关注新思想发展的雇主。要实现这个目标只有一个办法，就是培养喜爱自己工作的工人、科学家和雇主。让我们按照一般人的常识，用现实的态度来看待这个问题。一个疲倦而厌烦的工人，不管他有多么熟练的技能，难道他会生产出大量一流的产品？他会限定自己的生产，对工作敷衍了事，善于逃避检查；他不容易使自己适应新的方法；他会成为众人不满的目标，满脑子不切实际的所谓新想法，对职业环境的实际工作缺乏体谅理解。在我们可能面临的不安定的世界里，如果你特别希望增加野蛮动乱的机会，那就推行广泛的技术教育，而不要去理会本笃会的理想。那时社会将得到它应该得到的东西。

其次，有创造天赋的人进行充满活力的工作时，需要愉快的精神活动作为一种条件。"需要乃发明之母"是一句荒谬的谚语；"需要是无用的伎俩的来源"更接近真理。现代发明兴起的基础是科学，而科学几乎完全来自于使人愉悦的求知活动。

第三种人是雇主，他们应该是有进取心的人。现在应该看到，成功的雇主才是人们要关注的重要人物，他们在世界各地保持着商业关系，是已经富裕的人。毫无疑问，商业永远处于一种持续不断的繁荣又衰退的涨落过程中。但是，如果整个

四 技术教育及其与科学和文学的关系

商业正经历着衰退,指望贸易繁荣是愚蠢的。现在,如果这些雇主认为,他们的生意不过是得到其他不相关的生存机会的无关紧要的方式,那么,他们就缺乏一种激励来使自己变得机警敏捷。他们已经做得很好了,他们目前的经营就是一种足以使他们继续下去的动力。他们绝不会为结果尚难预料的新方法而烦恼。他们的心思在于生活的另一方面。对金钱的欲望产生的是吝啬而不是进取心。生产者们如果都能够乐于从事自己的工作,而不像有些人那样,继续做厌烦的工作只是为了创办医院一类的慈善机构,那么人类的前途就更有希望了。

最后,只要作为整体的雇主和工人认为他们在从事一种向公众榨取钱财的卑鄙的工作,那么,工业就不可能出现和平的前景。应该从广阔的视野来考虑所做的工作和因此而提供的公共服务,只有这样才能提供和谐合作的基础。

这种讨论所得出的结论是,对于雇主和工人来说,技术教育——它会满足国家的实际需要——在所应用的原理和提供的服务方面,作为一种真正的知识启蒙,必须孕育于一种自由的精神中。在这样的教育中,几何与诗歌是和旋转的车床一样重要的。

柏拉图[1]那神话般的形象代表现代文科教育,正如圣·本

---

[1] 柏拉图(Plato,公元前428或427—前348或347),古希腊哲学家,与苏格拉底和亚里士多德共同奠定了西方文化的哲学基础。

尼迪克特[1]的形象代表技术教育一样。我们不必为自己是否有资格不偏不倚地表述两位圣者的真实思想而烦恼。他们在这里不过是作为代表对照观念的象征性的人物。我们是根据今天柏拉图所唤起的那种文化来考察柏拉图的。

从本质上说,柏拉图式的文科教育是一种培养思维能力和美学鉴赏力的教育。它传授思想的杰作、充满想象力的文学杰作和艺术的杰作。它所关照的行动是控制力。它是一种需要悠闲的贵族教育。这种柏拉图式的理想对欧洲文明做出了不朽的贡献。它促进了艺术;它培养了那种代表科学之源的无偏见的求知精神;它使精神面对世俗物质力的影响时保持了高贵的尊严,那是一种要求思想自由的尊严。柏拉图不像圣·本尼迪克特那样为自己成为他的奴隶们的同伴而烦恼;但他必然属于人类的解放者之列。他的那种文化是思想开明的贵族阶层的特殊灵感,欧洲便是从这个自由的贵族阶级得到了确定它今天所拥有的那种自由的力量。几百年来,从教皇尼古拉五世[2]到耶稣会会士[3]的书院,从耶稣会会士到近代英国公学的校长们,

---

[1] 圣·本尼迪克特(St. Benedict,约公元480—约547),意大利修道士,西方隐修制度和本笃会的创始人,他制定的隐修规章后来成为全欧洲隐修事业的规范。
[2] 尼古拉五世(Nicholas V,1397—1455),文艺复兴时期意大利籍教皇,梵蒂冈图书馆创办人。他支持文学艺术和学术研究,曾赞助许多艺术家和学者。
[3] 耶稣会会士(the Jesuit),创立于1534年的天主教男修会耶稣会的成员,主要从事各级教育工作或在非天主教地区从事传教工作。

四 技术教育及其与科学和文学的关系

这种教育理想都得到了神职人员的全力支持。

对某些人来说，这是一种极好的教育。这种教育适合他们的智力发展及他们生活的环境。但对这种教育的要求远不止于此。人们判断整个教育是否合适或有缺陷时，要看它与这种教育相似的程度。

这种教育的实质，是向受教育者传授最优秀的文学的大量而博杂的知识。它培养的理想人才应熟悉迄今人类写下的最优秀的作品，他将掌握世界上人们使用的主要语言，考察过各个民族的兴衰史和表达人类情感的诗章，他阅读过优秀的剧作品和小说。他还了解主要的哲学流派，细心阅读过那些以风格明晰而著称的哲学家的作品。

很显然，如果要大致完成这个计划，他便不可能有很多时间去做其他任何事情，除非他在漫长的生命快要结束时去那样做。人们会想起卢奇安在一篇对话体作品里的计算：在证明一个人有资格实行任何一种流行的道德伦理体系之前，他竟然会花150年时间审查他们的证明书。

这种理想的目标不是为人类提出的。文科的文化教育指的绝不是这样一种雄心勃勃的计划：完全掌握从亚洲到欧洲、从欧洲到美洲人类文明所创造的各种文学作品。只需要选择一小部分，但正如我们所知道的，必须选择精华。我对包含希腊的色诺芬[1]而遗漏中国的孔夫子的选择表示怀疑,不过我还没有从头到尾读过他们的原文作品。文科教育的宏伟计划确实变成了学习用几种重要的语言创造出来的一些文学作品片段。

但是,对于人类精神的表述并不限于文学,还有各种其他的艺术,而且还有各种科学。教育必须超越以被动的方式接受他人的思想,必须加强首创精神。遗憾的是,首创精神并不意味着仅仅获得一种首创精神:有思想上的首创精神,行动中的首创精神,还有艺术中充满想象力的首创精神;而这三个方面还需要有许多分支。

获得首创精神的领域是广阔的,而个人的生命却是如此短暂,如此不完全:古典文化学者、科学家和校长们都成了无知的人。

有一种奇怪的错误观念:如果需要知道的东西比较少,就可能有一种比较完全的文化。惟一的收获必定是更有可能处于无意识的愚昧状态。没有读过莎士比亚、牛顿[2]和达尔

---

[1] 色诺芬(Xenophon,公元前431—前355?),希腊历史学家,他的散文受到古代文论家的推崇,至近代仍享有崇高的声誉。著有《远征记》、《希腊史》等。
[2] 艾萨克·牛顿(Isaac Newton,1643—1727),英国物理学家和数学家,17世纪科学革命的伟大代表。曾就读于剑桥大学,1667年任三一学院研究员。著有《自然哲学的数学原理》等。

四 技术教育及其与科学和文学的关系

文[1],即便对柏拉图也不可能有一种收获。近年来,文科教育的成绩并没有退步,所发生的变化是,人们已经发现了这种教育的要求。

我的观点是,没有一种学习可以说具有理想、完美的地位,那些被排除的次要因素也同样如此。在柏拉图式的文化中,那种强调无偏见的智力鉴赏是一种心理错误。行动以及我们处于事件在必然因果关系中的转变,这两者是极其重要的。力图使智力或审美的生活脱离这些基本事实的那种教育,本身就反映了文明的衰落。从本质上说,文化应该是为了行动,其作用应该使劳动从漫无目的的辛劳中解脱出来。艺术的存在使我们可能知道我们感官鉴赏力的表达是美好的事物。艺术可以丰富人的感官世界。

无偏见的科学求知欲是一种热情,它对各种事件的关联采取一种有序的理智的看法。但这种求知的目标是使行动与思想紧密结合。即使在抽象科学中,这种重要的行动介入也往往被人忽略。没有一个科学家仅仅是只想了解世界。科学工作者学习知识是为了满足他发现新事物的愿望。他不是为了解而去发现,他是为发现而了解。艺术和科学给艰苦的劳作带来的那

---

[1] 查尔斯·达尔文(Charles Darwin,1809—1882),英国博物学家,提出以自然选择为基础的生物进化学说。曾就读于剑桥大学,著有《物种起源》等。

种乐趣是成功的目标带来的愉快。这也是科学家和艺术家得到的同样的乐趣。

把技术教育与文科教育对立是错误的。不涉及文科的技术教育不可能完美，不涉及技术的文科教育也不能令人满意。换句话说，凡教育必传授技术和充满智慧的想象。用更简单的语言来概括：教育应该培养出这样的学生，他既很好地掌握某些知识，又能够出色地做某些事情。这种实践和理论的紧密结合是相辅相成的。才智非凡的人在隔绝状态中工作不可能发挥得最好。创造性冲动的激励需要很快向实践转变，尤其对儿童来说是这样。几何学与力学知识，辅以车间工场的实践，便可以实现这样的目标，否则，数学便成了冗长的废话。

在一个国家的教育系统中须有三种主要的方式，即文科课程、科学课程和技术课程。但其中的每一种课程都应该包括其他两种课程的内容。我的意思是，每种形式的教育都应该向学生传授技术、科学、各种一般的知识概念以及审美鉴赏力；学生在每一方面所受的训练，都应该由其他两方面的训练补充而相得益彰。即使是最有天赋的学生，由于缺乏时间，他也不可能在每一方面都得到充分发展，因此必须有所侧重。最直接的审美训练自然会出现在这样的技术课程中，即这种审美训练是某种艺术或具有艺术性的行业的必要条件。然而，它在文科教育和科学教育中都是重要的。

四 技术教育及其与科学和文学的关系

文科课程的教育途径是学习、研究语言,即学习我们向别人转达思想时最常用的手段和方法。这时,需要掌握的技能是言语表达的技能;需要掌握的科学是研究语言的结构,以及分析语言与语言所表达的思想之间的关系。此外,语言和感情的微妙关系,以及书面语和口语诉诸的感官的高度进化,使我们成功地使用语言并因此而具有敏锐的审美鉴赏力。最后,世界的智慧在用语言创作的杰作中保留下来。

这样的课程具有同质的优点,它包含的所有各不相同的部分是协调而互为补充的。这种课程,一旦大体上建立起来,会成为一种惟一完美的教育,对此我们几乎不会感到惊奇。它的缺点是过分强调语言的重要性。确实,言语表达的种种重要性是如此突出,以至难于做出清醒的估计。这几代人一直注意到,文学以及文学形式的表述从它们在知识生活中占有的独特重要的地位隐退了。为了真正成为大自然的仆人和侍从,仅仅有文学才能是不够的。

科学教育主要是一种训练观察自然现象的艺术,以及训练知识和训练对涉及一系列自然现象的法则进行演绎推理。然而,在科学教育中,正如在文科教育中一样,我们也受时间短少的限制。有许多类型的自然现象,每类自然现象都各有与之相应的科学,这种科学有其独特的观察方式,也有其独特的思维方式用以演绎种种法则。在教育中泛泛地学习科学是不可能的,所能够做的是学习两三门密切相关的科学。因此出现了对任何以科学内容为主的教育中的狭隘专门化的指责。显然,这种指责是有充分事实根据的,这值得我们思考:在科学教育的范围内,同时也为了有利于这种教育,我们应该如何避免这种危险。

进行这种讨论必须考虑到技术教育。技术教育大体上是训练这样一种艺术:运用知识生产物质产品。这种训练注重于手工技能,眼和手的协调动作,以及在控制构造过程中的判断。但判断力需要具备自然变化过程的知识,因为制造过程要运用这些知识。因此,在技术训练的某个阶段需要学习科学知识。如果你缩小科学知识的传播范围,你将使它局限于科学专家的范围内;假如你扩大其范围,在一定程度上你将把科学知识传授给工人们以及——更重要的——给予企业的董事们和经理们。

从智力方面说,技术教育并不一定仅仅与科学有关。它也可能是属于艺术家或学习艺术性技能的工匠们的教育。在后一种情况下,就需要培养与这种教育有关的审美鉴赏力。

柏拉图式的文化,其有害的一面就在于,它完全忽视了技术教育是作为理想的人完美发展的一个组成部分。这种忽视来自于两种极糟糕的对立,即精神与躯体的对立,以及思想与行动的对立。我在这里要插一句——仅仅是为了避免批评——

四 技术教育及其与科学和文学的关系

我完全知道希腊人极为看重人的形体美和身体的运动,但是,他们那种对价值观念的错误认识是奴隶所有制不可避免的后果。

我坚持认为这是教育中的一条原则:在教学中,你一旦忘记了你的学生有躯体,那么你将遭到失败。这正是文艺复兴以后柏拉图式的课程的错误。但任何东西都不能阻止人们接近自然;因此,在英国的教育中,自然在被逐出教室后,又以热爱体育运动的形式返回生活之中。

虽然智力活动与人体的种种联系是分布在人体的各种感觉中,但这种联系主要集中在眼、耳、声音和手。感觉和思维之间有一种协调,大脑活动与身体的创造性活动之间也有一种交互作用。在这种相互反应中,手的作用特别重要。究竟是手创造了大脑还是大脑创造了手,这是一个争论未决的问题。但手和大脑之间的联系肯定是密切的、交互作用的。这种根深蒂固的关系,并没有因为几百年里在一些特殊的家庭中人们不做手工劳动而普遍衰退。

不运用手工技艺是导致贵族阶级的大脑昏沉呆滞的原因,大脑的这种懒散只有通过运动才能减轻。运动时脑力活动会减少到最小程度,而手工技艺也没有精细微妙,连续书写和口头阐述的需要,对专业阶层人员的思维能力是某种轻微的刺激。那些拒绝做其他事情的伟大的读者们,并不以大脑思维缜密而出类拔萃;他们往往是胆怯守旧的思想者。毫无疑问,部分原因是他们过多的知识超越了他们的思维能力;但部分是因为缺乏来自声音或手的富有创造性的活动对大脑的刺激。

在评价技术教育的重要性时,我们必须超越学习与书本学习之间那种惟一的关系。通过直接经验获得的知识是智慧生活的首要基础。在很大程度上,通过书本学习所得到的是第二手的知识,因此永远不具有那种直接实践的重要意义。我们的目标是把生活中的直接事件看作我们一般思想的实例。学术世界所提供的往往是少量间接的知识,用以说明从其他间接知识得来的思想。学术世界的这种间接性正是它的平庸所在。它是平淡的,因为它从未受到事实的威吓。弗朗西斯·培根[1]最重要的影响并不在于他表达了任何独特的归纳推理理论,而在于他领导了对间接知识的反叛。

一种科学教育的独特价值应该是,它将思维建立在直接的观察上;与此相应,技术教育的价值就在于,它遵循我们内心深处的自然本能,将思维转化为手工技艺,将手工活动转化为思维。

---

[1] 弗朗西斯·培根(Francis Bacon, 1561—1626),英国哲学家、政治活动家和散文家;主张通过实验揭示自然界的奥秘,信奉"科学是归纳的"思想,被称为"整个现代实验科学的真正始祖"。

四 技术教育及其与科学和文学的关系

科学所唤起的思维是逻辑思维。今天,逻辑可分为两种:即发现的逻辑和被发现物的逻辑。

发现的逻辑在于权衡概率,在于抛弃被认为是无关的细节,在于将决定事件发生的一般原理分类,以及通过设计合适的实验来检验各种假说。这是归纳性的逻辑。

被发现物的逻辑是对特殊事件的演绎,在一定条件下,这些特殊事件会遵循假定的自然规律而发生。因此,当自然规律被发现或假定时,对这些规律的应用便完全取决于演绎逻辑。假如没有演绎逻辑,科学便毫无价值,它只会成为一种从特殊上升到一般的枯燥的游戏,除非我们后来能够把这个过程颠倒过来,再从一般降至特殊,上升和下降就像雅各梦中天梯[1]上的那些天使们一样。当牛顿凭直觉发现了万有引力定律时,他立刻开始计算地球对苹果表面的引力以及地球对月球的引力。我们可以顺便指出,如果没有演绎逻辑,就不可能有归纳逻辑。因此,牛顿所做的大量计算工作,是他对这个伟大的定律进行归纳证实的必不可少的一步。

今天,数学不过是演绎推理艺术中比较复杂的部分,尤其是当它涉及到数字、量和空间时。

在传授科学时,应该传授思维的艺术:即形成适用于直

---

[1] 雅各的梯子(Jacob's ladder),典出《圣经》,雅各梦中所见通往天国的梯子。

接经验的清晰思维的艺术，凭直觉领悟一般真理的艺术，检验先见能力的艺术，以及将普遍真理推广运用于具有某种特殊重要性的特定情况的艺术。此外，还须要有科学阐述的能力，这样才能够对重点给予应有的重视，从一团混乱的思想中清晰地梳理出有关的问题。

当对一门科学或一小类科学进行了这种充分的教学，对思维的一般艺术给予了应有的关注，这时，我们在纠正科学的专门化方面就取得了很大的进展。最糟糕的那种科学教育一定是以一种或两种特定科学为基础的，这时教师受考试制度的影响，往往只向学生灌输这些特定学科的狭隘的成果。重要的是，必须不断地发现方法的通用性，并将这种通用性与某一特定应用的特殊性进行对照。一个人如果只了解自己所学的学科，把它作为这种学科特有的一套固定程序，那么，他实际上并不懂那门科学。他缺乏丰富的思维，不能很快领悟完全不同的思想概念的含义。他将无所发现，在实际运用所学的知识时也将反应迟钝。

这种在特殊中显现一般是极难实现的，对于年龄较小的学生尤其如此。教育的艺术从来不容易掌握。克服种种困难，特别是初等教育中的困难，值得最杰出的天才去为之努力。这是培养人的灵魂的工作。

数学如果教授得法，应该成为循序渐进地灌输这种思想

四 技术教育及其与科学和文学的关系

概念通性的最有力的工具。数学的真髓永远是偏爱更一般的思想概念而抛弃更特殊的思想概念，偏爱一般的方法而抛弃特殊的方法。我们用一个方程来表达某一特殊问题的条件，但这个方程适用于不同学科中数以百计的其他问题。一般推理永远是最有力的推理，因为演绎推理的说服力是抽象形式的固有属性。

我们在这里仍须格外小心。如果我们教数学只是让学生牢记一般原理，我们将损害数学教育。一般概念是联系特殊结果的方式，毕竟，具体特殊的问题才是重要的。因此，在处理数学问题时，你的结果怎么具体也不过分，而涉及到你的方法时则越普遍越好。推理的本质过程是对特殊的事物进行归纳概括，然后对一般的事物进行特殊处理。没有一般性的概括归纳，就不存在推理；没有具体性就会失去重要性。

具体性是技术教育的力量所在。我愿提醒你们，缺乏通用性的原理未必是具体的事实。例如，$x+y=y+x$ 是一个比 $2+2=4$ 更一般的代数原理。但 "$2+2=4$" 本身就是一个缺乏具体性的十分通用的命题。要获得具体的命题，就必须对涉及特殊客体对象的原理具有直觉的知识。例如，你若对苹果有直接的感知或直觉的印象，那么"这两个苹果和那些苹果加在一起是四个苹果"就是一个具体的命题。

为了充分认识原理——认识的目的在于运用它们而不是

将其作为空泛无意义的公式——就必须进行技术教育,此外别无选择。仅仅做消极的观察是不够的。只有在创造中,才会对产生的客体对象的特性具有生动而深刻的理解。如果你想了解一种东西,就亲自去做它,这是一条明智的法则。这时,你的各种智力功能将处于活跃的状态,你的思维活动在转变为行动的过程中充满活力。你的概念会获得那种真实性,这是因为你看见了这些概念适用的范围。

在初等教育中,很久以来人们已在实施这条原则。教师教孩子们通过剪裁和分类这样一些简单的手工操作,来使他们熟悉形状和颜色。尽管这样很好,但这并不是我的意思。那是你思考之前的实际经验,是为了引发思想概念的先于思维的经验,是一种非常好的训练。但技术教育应该更加丰富:这是你在思考时的创造性的经验,这种经验可以实现你的思维,教你学会协调行为和思维,使你把思维与展望联系起来,把展望与成就联系起来。技术教育提供理论,还提供敏锐的洞察力来判断理论将在何处失去作用。

不应把技术教育看作是完美的柏拉图文化的一种残缺的替代物,即看作一种不幸由于生活条件限制而必须进行的有缺陷的训练。人们能够获得的只是不完全的知识和不完整的能力训练。然而,我们有三种主要的途径去努力追求智力与性格的最佳平衡,这就是文学的修养,科学的修养,和技术的修养。

仅仅进行一种教育必然导致智力活动和性格方面的巨大损失。但这三种课程的机械混合会产生糟糕的结果：零碎的知识永远互不关联或得不到运用。我们已经注意到传统的文学教育中的这样一个优点，即它的各个部分都是相互协调的。教育要关注的问题是保持主要的侧重点，无论是侧重文学、科学还是技术；同时在不损失协调的情况下，在每一种教育中融入其他两种教育的内容。

为使技术教育的问题明确，须要注意两个年龄：一个年龄是13岁，当小学教育结束时；一个是17岁，如果学校课程中包括技术教育，这时技术教育将结束。我知道，对于初级技术学校培养的手艺人来说，三年的课程是更常见的。另一方面，对于培养海军军官，对于一般的管理班级，则可以花更长一些时间。我们想考察适用于这样一种课程的原则：这种课程可以让17岁的青年人掌握对社会和公众有用的专门技术。

孩子们接受技能性的手工训练应该从13岁开始，训练所占比例与其他课业活动相比不可过大。随后每年增加这种训练，最终要占到很大的比例。最重要的是，这种训练不应该过于专门化。适合某一特定工作的车间精加工工序和车间操作技巧，应该到商业性的车间里去传授，不应构成学校课程中的重要组成部分。对于这些知识，一个受过良好训练的工人一学就会。在所有的教育中，失败的主要原因是内容陈腐而缺乏新意。如果我们把技术教育看成是向孩子们传授一门高度专门化的手工技能，那么技术教育注定要失败。国家需要一种劳动力的流动，不仅仅是从一个地方流到另一个地方，而且还要在相关能力的适当范围内，能够从一种专门类型的工作转换到另一种专门的工作。我知道我这样说论据不充分，我并不是主张让那些专门从事某种工作的人不时地去换做另一种工作。这是行业组织机构的事，与教育家们无关。我只是坚持这样的原则：受教育者接受训练的范围应该比他最后掌握的专业更广泛，他因此而获得的适应各种不同需要的能力将对工人有利，对雇主有利，而且对国家有利。

在考察课程的知识性时，我们必须遵循各学科间的学习互相协调的原则。一般来说，与手工训练最直接相关的知识学习是自然科学的某些学科，实际上会涉及到不止一门学科；即使不是这样，也不可能把科学的学习变成一种单一肤浅的思维方法。不过，假如我们不过细地分类，我们就可以大体上按所涉及的主要科学门类来划分技术学习。这样我们就有六个门类，即（1）几何技术，（2）机械技术，（3）物理技术，（4）化学技术，（5）生物技术，（6）商业和社会服务技术。

这种分类意味着除了各种从属的学科外，在大多数职业的培训中还须要强调某种特殊的学科。例如，我们可以把木

四 技术教育及其与科学和文学的关系

工手艺、五金手艺以及其他许多艺术性的工艺算在几何技术中。同样,农业属于一种生物技术。烹饪业如果包括提供饮食服务,也许可介于生物、物理和化学诸学科之间,尽管我对此不能肯定。

与商业和社会服务相关的学科,部分属于代数学,包括算术和统计学,部分与地理学和历史学有关。但这部分学科在它们的学科亲和关系方面多少是不同的。无论如何,将技术学习按其与学科的关系进行分类的准确方法是一个涉及细节的问题。基本之点在于,经过一定思考有可能找到可以说明大部分职业的科学课程。而且,人们对这个问题很了解,在英国的许多技术学校和初级工艺学校中已经很好地解决了这个问题。

回顾和考察技术教育的知识要素,当我们从科学转入文学时,我们注意到,许多情况下学习是介于两种学科之间的,譬如,历史和地理。如果那是正确的历史和正确的地理,那么这两个学科在教育中是十分重要的。此外,那些对一般结果进行描述性解释以及呈现各学科中一系列思想的书,也属于这一类。这类书应该部分是基于史实的,部分是阐述那些最终已经产生的主要思想的,它们在教育中的价值取决于它们对智力的激励作用。绝不能用科学的奇迹来夸大它们,它们必须提供一种广阔的视野。

遗憾的是，在教育中，除语法学习外，人们很少考虑到文学内容。历史的原因是，在近代柏拉图式的课程形成之时，拉丁语和希腊语是开启伟大的文学之门的惟一钥匙。但文学和语法之间没有必然的联系，在亚历山大[1]的语法学家们出现之前，希腊文学的伟大时代已经逝去。今日世界的各种人中，研究古典文学艺术的学者离伯里克利时代[2]的希腊人最为遥远。

文学知识本身并不特别重要，惟一重要的是这种知识是如何学习的。有关的事实不足为道。文学之所以存在，只是为了表达和扩展构成我们生活的那个想象的世界，表达和扩展我们内心的王国。因此，技术教育中涉及的文学应该努力使学生从文学欣赏中得到乐趣。学生们知道什么，这无关紧要，而从文学欣赏中得到愉悦却是极其重要的。在英国那些了不起的大学的直接管理之下，学校的学生们参加莎士比亚戏剧课的考试，他们文学欣赏的乐趣受到了某种伤害，应该起诉这些大学犯有扼杀灵魂之罪。

有两种与智力活动有关的愉悦：创造的愉悦和消遣的愉

---

[1] 亚历山大（Alexanddria），埃及北方港市，曾是古代世界主要的学术中心和最伟大的城市之一。
[2] 伯里克利时代（Periclean Times），此处指古代雅典政治家伯里克利（Pericles，公元前495—前429）统治的时期，当时雅典的文化和军事发展达到了全盛时期，雅典成为全希腊的政治文化中心。

悦。它们并不一定是互相分离的。职业的变动会带来极大的快乐,这种快乐来自于上述两种形式的愉悦同时发生。文学鉴赏确实是创造。文学家写出的词句,它的音乐感,它引起的联想,都不过是刺激因素,它们所唤起的景象是我们自己造出的。除了我们自己,任何人,任何天才都不能够使我们的生活充满活泼的生命。但是,除了那些从事文学工作的人外,对于其他人来说,文学还是一种消遣。它使任何职业的人在工作时受到抑制的另一面得到训练运用。艺术对于生活也具有与文学相同的作用。

无须帮助就可以获得消遣的乐趣,这种乐趣不过是停止工作而已。某种这类纯粹的消遣是保持健康的必要条件。它的种种危险是众所周知的。在人们需要放松休息的大部分时间里,大自然赋予我们的并不是愉悦,而是大脑处于睡眠状态的一片空白。创造性的愉悦是成功的努力带来的结果,它需要帮助才能得到。这种愉悦对于快节奏的工作和有独创性的成就来说是必不可少的。

让那些没有通过放松而恢复活力的工人提高生产速度,这是一种极有害的经济政策。暂时的成功是以牺牲全体国民的利益为代价的,在他们生活的漫长岁月中,他们将不得不供养疲惫不堪的手艺人,即那些不能被雇用的人。同样十分有害的是阵阵爆发性的努力和完全的放松期交替出现。这种完全的放松期如不加以严格控制，会成为退化的酝酿期。正常的娱乐消遣应该相当于某种活动转换，它满足本能的迫切需要。各种游戏就提供了这种转换活动。没有游戏会使松弛消遣显得重要，游戏过度则使我们空虚无知。

正是从这一点上说，文学和艺术应该在一个健康而组织有序的民族的生活中起十分重要的作用。它们给经济生产带来的益处将仅次于睡眠或饮食所带来的益处。我并不是在谈论培养艺术家，而是说运用艺术作为健康生活的一个条件。在物质世界里，艺术就好像阳光一样。

我们一旦在头脑中摈弃了这样的观念，即知识是要索取的，那么在帮助发展艺术欣赏方面就不会有特别的困难，或不必支付特别的开支。可以定期让所有的学生到附近的剧院去，在这些剧院里，对上演适合学生们看的戏剧可以进行补贴。音乐会和电影也是如此。图画对广大学生的吸引力更难以预测，但是，用趣味盎然的图画来表现孩子们读过的景致或思想，对他们可能会有吸引力。应该鼓励学生自己去进行艺术性的尝试和探索。首先应该培养他们朗读的艺术。艾迪生[1]办的

---

[1] 约瑟夫·艾迪生（Joseph Addison，1672—1719），英国散文家、诗人、剧作家和政治活动家，英国期刊文学的创始人之一。他与斯梯尔（Steele）合办《旁观者》，刊登随笔、特写、评论、报道，发表提倡道德修养和文学欣赏的文章，其中关于乡绅罗杰·德·柯弗雷的文章深受欢迎。艾迪生的文笔优雅，思想见解较深刻，被誉为英语散文大师。

四 技术教育及其与科学和文学的关系

《旁观者》杂志上那些关于柯弗雷的文章,就是可读性很强的散文典范。

艺术和文学赋予生命的活力并不只是一种间接的影响,它们还直接给予我们充满想象力的视野。我们生活的世界所包容的远远超越肉体感官的释放,而具有各种微妙的反应和情感的起伏波动。想象的视野是具备控制力和指导能力的先决条件。各民族之间的竞争最终将取决于工场而不是战场,胜利将属于那些受过训练的精力充沛的强者,他们在有利于自身发展的种种条件下工作,而其中不可缺少的一个条件就是艺术。

如果有时间的话,我还想谈谈其他的问题,比如,提倡在所有的教育中包括一门外国语的学习。我通过直接的观察了解到,这对于学习手工技艺的孩子们来说是可能的。但我前面所讲的已能充分阐明我们进行国民教育应该遵循的原则。

最后,我愿再回到本尼迪克特教派的思想,他们把知识、劳动和道德力量联系在一起,为人类挽救了古代世界逐渐消失的文明。我们面对的危险是把实际的日常事务看作是邪恶的王国,在那里好像只有突出理想的目的才能取得成功。我认为这种观念是已被实践经验直接否定了的一种谬论。在教育中,这种错误的观念表现为对技术训练采取一种平庸的观点。我们的祖先在那漫长而黑暗的世纪中,将崇高的理想体现于杰出的组织结构中,从而拯救了自己。我们无须盲目模仿,而应勇敢地去发挥我们的创造活力。

五 古典文化在教育中的地位

在英国，古典文化的前景将不主要取决于古典文化给一个优秀的学者带来的乐趣，也不由为学者业余爱好而进行的学术训练的功用性来确定。以古典文学和古典哲学为主要基础的教育使受教育者得到愉悦和品德修炼，这已为几百年来的经验所证明。今日的古典文化学者不像他们的前辈那样热爱古典文化，但古典学术面临的威胁并不缘此而生。这种威胁是这样产生的：过去，古典文化在高等教育的各个领域呈极盛之势，那时没有任何东西能与古典文化相抗衡，因此，所有的学生在他们的校园生活中始终浸润在古典文学和艺术中。古典文化课程在大学的主导地位仅仅受到有限的数学课的挑战，这种局面导致了诸多结果，譬如，仅仅出于教学上的考虑就需要大量研究古典文化的学者；在学术生活的各个领域都弥漫着古典文化的气氛，以至于古典文学艺术的才能成了能力的代名词；最后，凡有望在这方面略有发展的学生，都注意培养自己在古典学术方面天生或后天养成的兴趣。然而这一切都已成为过去，永远地不复存在了。汉普蒂·邓普蒂[1]只要立在墙上,他就是一个完好无损的蛋,可是你永远不能把他重新立起来。今天,学校中有各种学科,每种都涉及人们普遍感兴趣的题目,而这些题目之间存在着复杂的关系;每个学科也展现出天才们以其丰富的想象力和哲学家的敏锐直觉,在学科发展中所完成的最崇高的业绩。现代生活中几乎每一种职业都是有学问的专业,都需要一种或多种这样的学科作为专门技术的基础。人生短促,而大脑适合学习的那段可塑期则更短。因此,即便所有的孩子都适合学习古典文学艺术,也绝不可能保持这样一种教育制度,即把古典文化学者所受的完美训练作为掌握其他知识学科的必要条件。作为英国首相府"古典文化在教育中的地位"工作委员会的一个成员,我不幸听到许多人徒劳无益地哀叹今天家长们那种唯利是图的倾向。我不相信今天的父母比他们的前辈更唯利是图。过去,当古典文学艺术是通往成功的道路时,它成为大家普遍学习研究的学科。今天情况已经发生了变化,古典文化处于危险之中,难道不是亚里士多德[2]说丰厚的收入是知

---

[1] 汉普蒂·邓普蒂(Humpty Dumpty)是旧时童谣中的矮胖子,蛋的化身,他从墙上跌下来摔得粉碎。此处指一经损坏便无法复原的东西。
[2] 亚里士多德(Aristotle,公元前384—前322),古希腊哲学家和科学家,其思想对西方文化产生了深远的影响。亚里士多德的知识体系博大精深,包括了绝大多数科学和多门艺术,其著作几乎涉及当时所有的知识领域,主要有《诗学》、《修辞学》、《物理学》、《政治学》、《工具篇》、《形而上学》等。

五 古典文化在教育中的地位

识生活值得拥有的附加物？我不知道今天我们公立学校的校长对作为家长的亚里士多德所说的这些话作何感想。就我对亚里士多德有限的了解，我猜想曾经有过一次争论，而亚里士多德占了上风。我一直在试图估计教育课程中古典文化面临的危险的真正严重性，我的结论是，古典文化未来的命运将在今后几年里在英国的中等学校里决定。不出一代人的时间，那些了不起的公立学校不管是否愿意，将不得不仿效它们的做法。

情况决定于这样一个事实：将来百分之九十的学生，当他们18岁离开学校时将再也不会阅读古希腊语和拉丁语的学术著作。那些更早离开学校的学生，估计比例会达到百分之九十九。我曾多次听到并读到过优美的评论和文章，说古典学术著作对那些坐在沙发里阅读柏拉图和维吉尔作品的学者多么有价值。但这些人将再也不会坐在沙发里或在其他任何情况下读古典作品了。我们必须保护古典文化课程，这关系到那百分之九十的学生。如果对这百分之九十的学生来说古典文化从学校的课程中被彻底淘汰，它在其余百分之十的学生中也将很快消失。没有一所学校会有教师教他们古典文化课程。这是一个紧迫的问题。

不过，如果得出这样一种结论，认为古典文化在学术界遭到非议，或受到关注教育与效率间关系的工业界领导的反对，那就大错特错了。上次我参加的关于这个题目的公开或私下的讨论，是在一所相当现代化的大学里的一个重要的委员会里进行的，那是一次简短而充满活力的讨论。科学系的三位代表极力强调古典文化的重要性，因为他们认为，古典文化对科学工作者来说是一种重要的预备性的训练。我之所以提这件事是因为我的经历便是很好的例证。

我们必须记住，知识教育的整个问题是受时间短少的制约。如果玛土撒拉[1]不是一个知识渊博的人，那是他的错或他老师的错。但我们面临的任务是如何利用中学的五年时间，在这段时间里，古典文化课与其他学科共同分配时间，只有当古典文化能够比其他任何目的相同的学科更快地丰富学生的智力品质时，它才能得到保护。

在古典文化学习中，我们通过对语言全面而透彻的研究，来培养我们在逻辑学、哲学、历史和文学审美鉴赏诸领域的能力。语言——拉丁语或希腊语——的学习只是为了促进这个目标的辅助手段，目标达到后，语言学习便可以中止，除非学生有机会或愿意对这种语言做进一步的学习和研究。有这样的学生，其中一些是最优秀的，对他们来说，语言的分析并不是通向文化目标的途径。对这些学生来说，一只蝴蝶或一台蒸汽机

---

[1] 玛土撒拉（Methuselah），《圣经》中的人物，据《创世纪》记载，他享年969岁，是传说中最长寿的人。

五 古典文化在教育中的地位

比一个拉丁文句子有着更广泛的意义。那些有一点天才的学生尤其如此，他们的天才来自于生动的领悟力，可以激发创造性的思维。对这些学生来说，指定的用文字表述的句子几乎永远在描述着错误的东西，在用无价值的不相关的问题搅乱他们的思维。

但是，总的看来，正常的途径是语言分析。对学生来说，它是最普通的标准；对教师来说，它显然是最容易做的工作。

在这点上我必须反问自己。我的另一个自我会问：如果你想让孩子们学习逻辑，你为什么不去教他们逻辑？难道那不是明显的传统做法？我用一位伟人的话来回答这个问题，他就是不久前去世的昂德尔学校[1]的校长桑德森[2]，他的逝世对我们是巨大的损失。桑德森的话是：他们通过接触来学习。这句话的重要意义涉及真正的教育实践的核心问题。它必须从特定的、对个人理解来说是具体而明确的事实开始，它必须逐步发展成为一般的思想概念。要避免那种邪恶的影响：灌输与个

---

[1] 昂德尔学校（Oundle），位于英国北安普敦郡内的一所男子中学，始建于1556年。桑德森任校长时（1892—1922）该校名声远扬，于1930年受皇家册封。

[2] 弗雷德里克·威廉·桑德森（Frederick William Sanderson, 1857—1922），英国中学校长，他于1892年至1922年任昂德尔学校校长，通过建立实验室、天文台、图书馆、工场车间和实验农场使该校大为改观，他建立的理工科系吸引了许多原来对古典语文不感兴趣的少年。桑德森改组昂德尔学校的做法对中等教育的课程和教学法产生了重大影响。

人经验毫无关系的一般性的说明。

现在，应用这条原则来确定最佳的方法，以帮助孩子发展一种哲学家似的思维分析。我愿用更简单的方式来表述这个意思：使一个孩子思维清晰、叙述有条理的最好的方法是什么？逻辑学教科书中的各种一般性的叙述与孩子听说过的任何东西毫无关系。这种一般性的叙述属于大学或接近大学水平的成人教育阶段。你必须从分析自己熟悉的英文句子开始。但是，这个语法学习过程如果延长超过了小学阶段，会是极其枯燥的。而且，它还有这样的缺点：它只是从英语语言上进行分析，而根本没有说明英语短语、词汇的复杂含义以及心理认知过程的习惯。你下一步是教孩子学习一种外国语。这时你有一个极好的有利条件：你摆脱了那种令人厌恶的纯粹为练习而进行的形式上的练习。这时，分析成为自发的无意识的活动，学生的注意力集中于用这种语言表达他想要的东西，或理解正在向他说话的人的意图，或理解某个作家的作品的含义。每一种语言都体现了某种一定的心理类型，而两种语言必然会向学生显示这两种心理类型之间的差异对照。常识会明确地告诉你，你应尽早教孩子开始学习法语。如果你富有，你会请一个讲法语的保姆。不那么幸运的孩子则从12岁起在中学开始学法语。可能会用直接法教他们，让他们在课堂上自始至终沉浸在法语中，而且学习用法语思维，在辨认法语词汇和词义时不受英语

五 古典文化在教育中的地位

干扰。即使智力中等的孩子也会学得不错，很快就能掌握处理和理解简单法语句子的能力。正如我前面提到的，收获是巨大的，此外还掌握了对后半生有用的工具。语言的感悟能力提高了，这种感悟力是一种对语言的下意识的鉴赏力，将语言看作是限定性结构中的一种工具。

只有到这个时候，开始学习拉丁语对孩子的智力发展才是最好的促进。拉丁语的语言要素显示出语言作为一种结构的特别清晰具体的例子。如果你的智力已经发展到了这个阶段，你就要面对这个事实。对英语和法语而言，你可能不会遇到这种情况。一种简单的合乎标准的英语可以直接转换成不严谨的法语，反过来，标准的法语也能直接转换成不严谨的英语。对于智力发展处于这种水平的孩子来说，直译出来的蹩脚的法语和标准法语间的差别——应该把它写出来——往往是细微难以区别的，也并不总是可以容易解释清楚的。两种语言在表述方法上都具有相同的现代性。但英语和拉丁语相比，结构上的差异是明显的，不过这种差异还没有大到构成一种不可逾越的障碍。

按照学校教师们的说法，拉丁文是一门颇受学生欢迎的科目；我知道当我还是一个学生的时候，我自己也喜欢拉丁文课。我想，拉丁文之所以如此受欢迎，是因为学生伴随着学习而体验到的启蒙感：你知道你正在发现某种东西。不知怎么的，拉丁语词汇以一种不同于英语词或法语词的方式嵌在句子中，词汇具有奇特的不同的内涵。当然，从某种意义上来说，和英语相比，拉丁语是一种更不开化的语言。它作为未经分解的单元更接近于句子。

这样，我就可以继续讨论下一个问题。在我列出的拉丁文给予学生的多种馈赠中，我将哲学放在逻辑学和历史学之间。哲学在其中就占有这样的地位。拉丁文唤起的那种哲学家的本能直觉，翱翔于逻辑和历史之间而使两者变得丰富。将英语译成拉丁语或将拉丁语译成英语，对翻译中涉及的思维进行分析，可使学生得到哲学家进行逻辑思维所必要的那种初次经验。如果你后半生的工作是那种要进行思考的工作，那么感谢上帝，他曾经规定：在你的青少年时期有五年时间，你每星期要写一篇拉丁文散文，每天要逐字翻译某位拉丁文作家的一段作品。进入任何一门学科都是通过接触进行学习的过程。对大多数人来说，语言最容易刺激思维活动，他们的理解力的启蒙和开发就是从简单的英语语法到法语，从法语到拉丁语，而且广泛涉及到几何学和代数学的内容。在此我无须提醒读者，我可以引述柏拉图的权威意见来支持我正在论述的这个一般原则。

现在，我们从思维的哲学转到历史的哲学。我要重提桑德森的那句名言：他们通过接触来学习。一个孩子究竟要如何通过接触来学习历史呢？原始的文件、宪章纲领、法案和外交函件对他来说就好像是天书。一场足球赛也许就是马拉松战役[1]的一种模糊的反映。但这只是说，人类的生活在任何时代、任何环境中都具有共同的特性。此外，我们向孩子们灌输的所有这些外交的和政治的文件资料，它们反映的是一种十分空洞的历史见解。而真正必要的是，我们应该本能地把握那些控制了人类多难历史的不断变化的观点、思想，以及艺术的和民族的推动力。今天，罗马帝国成了往日的佳酿流入现代生活的瓶颈口。至于说到欧洲的文明，打开历史之门的钥匙，是理解罗马精神和罗马帝国的成果。

拉丁语，这种罗马的语言通过文学的形式体现了罗马的视野。我们在这种语言中拥有了最简单的材料，通过接触这些材料，我们可以评价世间人事变化的潮流和趋势。仅仅是法语和英语这两种语言与拉丁语之间明显的关系本身就反映了一种历史的哲学。考虑一下英语与法语的明显不同：英语与不列颠文明的历史完全断绝关系，源于地中海的含义典雅的词汇和短语缓慢地不知不觉地回到英语中；而在法语中，我们看到发展的连续性，是在猛烈的震荡留下的明显痕迹中。我在这些问题上并不是要作自命不凡、高深莫测的演讲，事物本身就能说明

---

[1] 马拉松战役（the Battle of Marathon），公元前490年秋季，希腊军队和波斯军队在希腊阿提卡东北部马拉松平原上进行的一场决战，雅典人在这次战役中击退了波斯大军的入侵。

问题。法语和拉丁语的基础知识再加上母语英语，赋予种族游荡的传说必要的现实气氛，我们的欧洲就诞生于这种传说故事中。语言体现塑造该语言的民族的精神生活，每一个短语和单词都体现了男人和妇女们在犁地、照料家庭、建造城市时形成的某种习惯性的概念。从这个意义上说，在不同的语言中，词汇和短语之间不存在真正的同义语。我以上所说的这一切不过是对这个题目的一种夸张渲染，以及对它的重要性的强调。英语、法语和拉丁语对我们来说犹如一个三角，在这个三角中，英语和法语组成的对角显示了表达两种主要的现代精神的不同方式，它们与第三个角即拉丁语的关系，显示了源于古代地中海文明的不同进程。这是文学修养必不可少的三角，它本身包含着生动鲜明的对比，包容了现在和过去。它绵亘时间和空间。基于此，我们证明下述断言是正确的，即掌握法语和拉丁语就能找到"通过接触"学习逻辑哲学和历史哲学的最简捷的方式。除了某些深刻的体验外，你对思维的分析和你的行为经历不过像是声音洪亮的铜管乐器。我并不是主张——我也丝毫不认为——这种教育方式对大多数学生来说不只是最简单最容易的途径；我肯定，对于不少学生来说，侧重的方面应该有所不同。但我确实认为，这是能够使最多的学生取得最大成功的教育途径。它的优点还在于经受了经验的检验。我认为，应该对现行的教育实践进行修正，使之适应当前的需要。但总的说

五 古典文化在教育中的地位

来,这样一种文学教育的基础涉及到人们最了解的传统,涉及到在实践中实现这种传统的最大多数经验丰富而博学的教师。

读者也许注意到,我还没有对灿烂的罗马文学发表任何评论。当然,教授拉丁语必然要让学生阅读拉丁语文学作品。罗马文学拥有充满活力的作家,他们成功地将罗马人精神生活的各个方面搬上舞台,包括罗马人对希腊思想的鉴赏与评价。罗马文学的一个优点是,与其他文学相比,它没有那么多杰出的天才。罗马作家不孤傲超然,他们表达他们的种族特征,并不比其他民族有所不同。除去卢克莱修[1]以外,你总会感到罗马作家工作时所受到的限制。塔西佗[2]表达了罗马元老院顽固派的观点,他无视罗马行省执政官们取得的成绩,只看到希腊自由民正在取代罗马贵族这个事实。罗马帝国以及创造了罗马帝国的精神生活同化了罗马民族的天才。当这个世界上的种种大事件将来失去了它们的重要性时,罗马文学的绝大部分将不能进入天国。天国的语言将是中文、希腊文、法文、德文、意大利文和英文,天国的圣人们将愉快地注视着这些金色的语言对永恒生活进行的描述。他们将

---

[1] 卢克莱修(Lucretius,约公元前94—前55),古罗马诗人和哲学家,著有长诗《物性论》。
[2] 塔西佗(Tacitus,约公元55—约120),古罗马历史学家,曾担任古罗马元老院议员,主要著作有《历史》和《编年史》,今仅存残篇。

对希伯来文学在与消失的邪恶进行斗争时表现出来的道德热情感到厌倦,对罗马作家们把古罗马广场错当成活着的上帝的脚凳而感到厌倦。

我们教授拉丁文,并不是指望这些用拉丁文写作的罗马作家可能成为我们学生的终身伴侣。英国文学更伟大:它更丰富,更深刻,更精妙。如果你具有哲学家的鉴赏力和趣味,你会为西塞罗[1]而放弃培根、霍布斯[2]、洛克[3]、贝克莱[4]、休谟[5]和穆勒[6]吗?不会的,除非你对近代人的兴趣使你转向马丁·塔珀(Martin Tupper)。也许你特别想知道对各种不同的人类生存状态的表达以及人物对环境的反应。你会拿莎士比亚和

---

[1] 西塞罗(Marcus Tullius Cicero,公元前106—前43),古罗马政治家、哲学家和作家,也是杰出的演说家,著有《论共和国》《论法律》《论神性》《学园派哲学》等。
[2] 托马斯·霍布斯(Thomas Hobbes,1588—1679),英国著名的哲学家和政治家,著有《第一原理简述》《利维坦》《论物体》等,晚年翻译出版《奥德赛》和《伊利亚特》。
[3] 约翰·洛克(John Locke,1632—1704),英国哲学家,著有《人类悟性论》《政府论》《教育漫谈》等。
[4] 乔治·贝克莱(George Berkeley,1685—1753),爱尔兰哲学家、科学家和主教,著有《哲学纪事》《人类和知识原理》等。
[5] 大卫·休谟(David Hume,1711—1776),英国哲学家、历史学家、经济学家和随笔作家,著有《人性论》《人类理智探究》《道德原则探究》《英格兰史》《随笔与论文》等。
[6] 詹姆斯·穆勒(James Mill,1773—1836),英国哲学家、历史学家和经济学家,著有《政治经济学原理》《人类精神现象分析》《不列颠印度史》等。

五 古典文化在教育中的地位

英国的小说家们去换泰伦提乌斯[1]、普劳图斯[2]和特力马其欧（Trimalchio）的筵席吗？还有我们的幽默大师谢里丹[3]、狄更斯[4]和其他作家。有谁在阅读拉丁作家的时候曾那样开怀大笑过？西塞罗是一位伟大的演说家，他曾在欧洲壮丽的舞台上展示才华。英国也有充满想象力地去阐述政策的政治家。我不想把这个名册扩大到诗歌和历史领域中去而使你们烦恼。我只是希望证实我对下述断言的怀疑，即拉丁文学完美地表述了人类生活的共同要素。拉丁文学不会笑，它也几乎不会哭泣。

你绝不能将拉丁文学与它所处的背景环境分离开。它不是希腊和英国产生的那种意义上的文学，即表达人类共同的感情。拉丁文学有一个主题，那就是罗马——罗马，它是欧洲的母亲，伟大的巴比伦，《启示录》作者描述了其命运的娼妓[5]：

"她为自己要经受的折磨而恐惧，远远地站开，口中念念

---

[1] 泰伦提乌斯（Terence，约公元前195—前159？，拉丁文全名Publius Terentius Afer），古罗马喜剧作家，他的语言被奉为纯正拉丁语的典范，作品六部诗体喜剧对后世欧洲戏剧产生了巨大的影响。
[2] 普劳图斯（Plautus，约公元前254—前184），古罗马喜剧作家，作品有《安菲特律翁》、《驴子的喜剧》、《凶宅》、《撒谎者》等。
[3] 理查德·布林斯利·谢里丹（Richard Brinsley Sheridan，1751—1816），英国剧作家和政治家，出生于爱尔兰，著有《造谣学校》、《批判家》等。
[4] 查尔斯·狄更斯（Charles Dickens，1812—1870），英国作家，作品有《大卫·科波菲尔》、《双城记》、《董贝父子》、《艰难时世》等。
[5] 在基督教《圣经·新约》的末卷《启示录》中，巴比伦是圣城耶路撒冷的原型，被描绘成一个女人。人们认为巴比伦暗指先知时代古代世界的首都罗马。

有词：唉，唉，伟大的巴比伦城，伟大的城！一个小时之内你就要受到审判。世界上的商人们将为她哭泣和悲哀；因为再不会有人买她的商品。

"那些金银制品、宝石和珍珠制品、细麻布、紫色布、丝绸、鲜红色衣料、有节丽松芬芳的装饰用木材、各种象牙器皿，和用最珍贵的木材以及黄铜、铁和大理石制作的各种容器。

"还有桂皮、香料、油膏、乳香、葡萄酒、油脂、精制面粉、小麦、各种野兽、绵羊、马、双轮战车、奴隶和人的灵魂。"

罗马文明便是以这种方式出现在早期的基督教教徒的面前。但当时基督教本身就是古代世界突出的一部分，而这个古代世界正是罗马传给欧洲的。我们继承的是东地中海文明的两个方面。

拉丁文学的作用是表现罗马。当你的想象力可以为英国和法国增加罗马的背景时，你便具有了坚实的文化基础。对罗马的了解会引导你回到地中海的文明，而罗马曾经是那个文明的最后阶段；这种了解也自然在你面前展现出欧洲的地理环境，以及海洋、河流、山峦和平原的作用。青年人在接受教育的过程中学习罗马文化，其优点是它的具体性、它赋予行动的灵感，以及各种历史人物一贯的伟大崇高，这种伟大崇高体现于他们的品德和他们在历史舞台上的表演中。他们有伟大的目

五　古典文化在教育中的地位

标，有高尚的德性，也做出过骇人听闻的恶行。他们有用强大的力量拯救灵魂于罪孽的价值。如果不能经常目睹伟大崇高，道德教育便无从谈起。如果我们不伟大，我们做什么或结果怎么样便无关紧要。现在，对伟大崇高的判断力是一种直觉，而不是一种争辩的结论。青年人在改变宗教信仰的痛苦中感觉自己是一个可怜虫而不是人，怀有这种感觉是可以的，只要还存在对伟大崇高的坚定信仰，足以证明上帝永恒的惩罚是正当的。对伟大崇高的认识和判断构成道德的基础。我们正处在一个民主时代的开端，人类的平等是建立在高水准还是低水准上，这个问题仍有待解决。还从来没有这样一个时代，在这个时代里，青年人更须要保持对罗马的想象：这种对罗马的想象本身就是一幕伟大的戏剧，而且会产生比这种想象更伟大的结果。我们现在已深入文学特质的美学欣赏这样一个题目中。正是在这里，古典文学艺术教学的传统需要进行最有力的改革，以适应新的条件。它热衷于造就优秀的古典文学艺术的学者。旧传统毫不留情地将最初的阶段用于语言学习，然后依靠流行的文学氛围去获得文学的愉悦和欣赏。在19世纪后半叶，其他学科的课程逐渐侵占了可以利用的时间。结果常常是时间浪费在毫无成果的语言学习中。我常想，在英国那些伟大的学校里，许多学生那种令人遗憾的对知识缺乏热情的表现，其根源就在于这种失败感。学校中古典文学艺术的课程必须这样设置,使它能取得一个明确的结果。而在通向充满抱负的学术理想的路上却留下了太多失败的产品。

在对待每一件涉及艺术的工作时,我们必须恰当地处理好以下两个因素:规模和速度。如果你用显微镜去检查罗马的圣彼得教堂,那对建筑师来说是不公平的;如果你一天只读五行《奥德赛》[1],这部伟大的史诗也会变得枯燥无味。我们现在面临的正是这样一个问题。我们正在教的学生,他们的拉丁文知识永远不会好到使他们能够很快地阅读,而要说明的景象又包罗万象,且跨越了漫长的历史。对规模和速度,以及对我们工作各部分间相关作用进行细心的研究,似乎应该是必不可少的。我还没有发现任何从学生心理特点入手论述这一问题的文献资料。这是共济会会员的秘密吗?

我时常注意到,如果在大学者们聚会的时候说起翻译的话题,这些内容对他们的情绪和感情所起的作用,就好像体面的绅士面对低级下流的性问题一样。但一个数学家没有必要担心丢教师的面子,所以让我来面对这个问题。

按照我前面一直遵循的这条完整的思路发展,对拉丁文词汇含义、语法结构连接思想概念的方式,以及对一个主次强调不同的拉丁文句子整句意思的确切领会,构成了我认为是拉

---

[1]《奥德赛》(*Odyssey*),古希腊著名史诗,24卷,12110行,相传为荷马所作。

五 古典文化在教育中的地位

丁文学习的价值的重要基础。因此，教学上的任何模糊不清，以至忽略语言中的精妙细微之处，都使我呈现于你们面前的这一完整的理想目标无法实现。通过使用译文让学生尽快摆脱拉丁文，或者避免动脑筋去解读拉丁文复杂的句法结构，都是错误的。精确，明确，以及独立分析的能力，这些是整个学习中的主要价值所在。

但是，我们依然面临不可变更的速度问题，以及整个学习课程只有短短的四年或五年这样的问题。每一首诗都是要在一定的时间内阅读的。各种对比、形象，还有情绪的转变必须符合人精神中的节奏变化。它们都有自己的周期，不能超越一定的界限。你们可以看看世界上最崇高的诗歌，如果你以蜗牛的速度慢慢地阅读它，那么，美丽的诗歌将不再是艺术作品，而变成了一堆垃圾。想想一个孩子专心阅读他的功课时他大脑的活动：他读到"当……"，然后停下来查字典，接着继续读下去，"一只鹰"，然后又停下来查字典，接着还会对句子的结构感到好奇，等等，等等。这会帮助他认识罗马吗？当然，常识会要求你去找来最好的文学翻译，那种最好地保留了原文的魅力和气势的译文；会要求你用正常的速度大声朗读它，并附带作一些评论来解释文句的含义。对拉丁文的攻击这时就会受到这样一种意识的保护，这种意识将生动的艺术作品奉若神圣。

但是有人反对说，译文可悲地低劣于原文。翻译当然不如原文，正因为此，学生才必须掌握拉丁文原文。当他们掌握了拉丁文后，就可以按适当的速度进行阅读了。我请求按正确的速度对用翻译形式给出的诗文整体作最初的认识，按正确的速度对原文整体的全部价值进行最后的欣赏。华兹华斯[1]曾说到那些"谋杀是为了解剖"的科学家。与他们相比，过去的古典文化学者们始终是名副其实的谋杀者。美感是热烈而充满激情的，应该受到应有的尊敬。但我要进一步说明，传达罗马视野所需要的全部的拉丁文学，要比学生们在原文中可能达到的境界伟大得多。学生们应该不局限于他们掌握的拉丁文，而努力去阅读更多的维吉尔、卢克莱修、西塞罗的作品和历史作品。在研读一位作家时，所选的拉丁文文本应该能够充分展示这位作家的整个精神世界，虽然失去了他用母语和他自己的话表述时所具有的那种力量。但是，如果根本不阅读作家自己写的作品的原文则是十分有害的。

规模方面的困难主要涉及古典文化历史的呈现。展现在青年学生们面前的每一种事物必定是来源于特定的和个别的事例。然而，我们却想说明整个时期的一般特征。我们必须让学生们通过接触来学习。我们可以用图片等直观的视觉资料来展现过去的生活方式。有各种建筑的照片、各种雕像或铸像，以

---

[1] 威廉·华兹华斯（William Wordsworth，1770—1850），英国浪漫主义诗人和桂冠诗人，其作品主题多为人与大自然的关系。

及花瓶或湿壁画上的图案，它们展现了富于宗教色彩的神话故事或家庭生活的场景。通过这种方法，我们可以将罗马与罗马时代之前的东地中海文明进行比较，将罗马与后来的中世纪时期进行比较，使孩子们了解古人如何在他们的外貌、他们的住宅、他们的工艺、他们的艺术，以及他们的宗教信仰方面发生了变化，这是十分重要的。我们必须仿效动物学家们的做法，他们掌握动物世界的完整知识，他们通过说明特例来进行教学。我们也应该这样做，展现罗马在历史中的地位。

人类的生活建立在技术、科学、艺术和宗教上，而技术、科学、艺术和宗教是互相联系的，它们来自于人类的智慧。但是，在科学和技术之间，同样，在艺术和宗教之间，却有着特殊的密切关系。不了解这四个基本的要素，就不可能了解任何一种社会结构。现代社会的一台蒸汽机可以完成古代社会一千个奴隶从事的劳动。奴隶掠夺是大部分古代社会帝国统治和势力扩张的关键因素。现代化的印刷机是现代民主的一个必不可少的附属物。现代社会智力发展的关键是科学的不断进步，以及随之而来的思想观念的转变和技术的进步。在古代世界，美索不达米亚和埃及王国由于水利灌溉系统发达而繁荣昌盛。而罗马帝国的存在是由于它出色地利用了到那时为止世界所拥有的各种技术：道路系统、桥梁、沟渠排水系统、涵洞、污水管道系统、宏伟的建筑、组织良好的商船队、军事科学、冶炼术,以及农业。这是罗马文明得以保持完整并扩展的奥秘所在。我常想,为什么古代罗马的工程师们没有发明出蒸汽机。他们本来是可以随时做出这项发明的,若真如此,世界历史会是一幅多么不同的图景。我把原因归于这样一个事实,罗马人生活在一种温暖的气候环境里,他们没有引进茶叶和咖啡。在18世纪,有成千上万的人坐在炉火边,注视着他们的茶壶在炉火上冒汽沸腾。我们当然都知道亚力山大的希耶罗(Hiero)曾做出过某种不足道的预测,所缺少的只是罗马工程师们应该在注视茶壶沸腾这样极其普通的过程中,对蒸汽的推动力留下深刻的印象。

考察人类的历史,必须注意它与获得技术进步的推动力之间的恰当关系。在过去的一百年里,先进的科学与发达的技术结合,从而开辟了人类历史的新纪元。

同样,在公元前约一千年,当写作的艺术终于推广开来时,第一个伟大的文学时代开始了。在它最初朦胧的起源时期,这种写作技巧已用于传统的僧侣信仰表白书的惯用套语,以及正式场合的官方文件记录和编年纪事。如果认为过去人们一开始就能预见到一项新发明的影响范围,那就大错特错了。即便在今天,当我们经过训练对各种可能的新思想进行认真思考时,情况也不是这样。但是在过去,由于不同的思维趋向,新思想缓慢地渗入社会体系之中,于是,作为促进个人保留新思想的一种手段，写作慢慢地在东地中海沿岸为人们所掌握。当希腊人和希伯来人完全掌握了写作这种艺术时，人类文明出现了新的转变；尽管希伯来精神的普遍影响延迟了一千年，一直到基督教时代的到来，但是，希伯来的先知们就是在这个时候记录他们内心的思想，而这时希腊文明正在开始形成。

我想说明的是，在大的范围里探讨了解罗马所需的历史背景知识时，符合我们历史传统规模的那种对政治事件的连贯记载完全不存在了。甚至文字的说明在一定程度上也不为人们所注意。我们必须利用模型、图片、示意图和图表来展示典型的例证，以说明技术的发展及其对现代生活方式的影响。同样，艺术在它与功利和宗教的奇特结合中，既表达真实的充满想象力的内心生活，又通过艺术的表现而改变它。孩子们可以通过模型和图片，有时还可以通过观赏博物馆中的实物来了解过往时代的艺术。探讨过去的历史绝不能从抽象概括的一般叙述开始，而应该通过具体的实例，展现从一个时代到另一个时代，一种生活方式到另一种生活方式，一个种族到另一个种族那缓慢交替的发展进程。

当我们讨论东地中海的文学传统和历史时，我们同样也必须用这种处理具体实例的方法。在你开始考虑这个问题时，对古典文化重要性的全部要求是建立在这样的基础上，即没有任何东西能够代替直接的知识。只要希腊和罗马是欧洲文明的奠基者，历史知识就首先是一种关于希腊人和罗马人的思想的直接知识。因此，要将罗马的图景置于一个适当的位置。我竭力主张学生们一开始就应该阅读一些希腊文学作品，当然是翻译作品。但我宁愿选希腊人原作的译文，而不是某位英国人写的谈论希腊人的文章，无论他写得多么好。谈论有关希腊的书应该在掌握了希腊的直接知识之后阅读。

我所说的这种阅读是指读用韵文翻译的《奥德赛》，希罗多德[1]的部分作品，一些由吉尔伯特·默里[2]翻译的古典希腊戏剧中合唱队解释剧情的朗诵词，普卢塔克[3]写的传记作品，特别是关于阿基米德[4]在马塞卢斯[5]执政时的那部分生活，还有欧几里得[6]《几何原本》中的一些定义、公理和一两个命题，

---

[1] 希罗多德（Herodotus，公元前484？—前430至420），古希腊历史学家，被称为"历史之父"，所著九卷《历史》是古代世界第一部记叙体的伟大史书。
[2] 吉尔伯特·默里（Gilbert Murray，1866—1957），英国古典文学学者，希腊文教授，著有《希腊史诗的兴起》、《希腊宗教的五个阶段》等。他用押韵的诗句翻译古希腊戏剧作品，再现古希腊诗歌的韵律。
[3] 普卢塔克（Plutarch，约46—120），古希腊传记作家，著有《希腊罗马名人比较列传》、《道德论丛》等。他的文笔典雅流畅，对16至19世纪欧洲作家和欧洲散文、传记、历史著作的发展曾产生巨大的影响。
[4] 阿基米德（Archimedes，公元前287？—前212/211），古希腊数学家、物理学家、天文学家和发明家。
[5] 马塞卢斯（Marcellus，约公元前268—前208），罗马名将，曾于公元前222年、214年、210年和208年多次任执政官。
[6] 欧几里得（Euclid，活动时期约公元前300年），古代杰出的数学家，著有《几何原本》、《论图形的剖分》、《光学》等。

但要读希思(Heath)翻译的那种准确的学者式的译文。对所有这些材料要适当有一些解释,说明作者的内心世界。罗马在欧洲世界中所处的这种绝妙的地位来自这样一个事实:它留给我们一份双重的遗产。罗马接受了希伯来文化的宗教思想,又将这种思想与希腊文明融为一体,传给欧洲。罗马本身代表着在各种纷乱活跃的不同元素中留下的组织和统一的印记。罗马法通过对帝国铁一般的结构中人性隐私权的那种斯多葛式的敬重,体现出罗马伟大崇高的奥秘。欧洲总是因为它继承的传统中具有各种不同的爆发性的特质而分裂,又因为它永不能摆脱从罗马继承来的那种完整统一的影响而趋于联合。欧洲的历史是罗马控制希伯来人和希腊人的历史,希伯来人和希腊人受着不同的宗教、科学、艺术、追求物质享受和支配欲的驱动,而这一切都处于势不两立的状态中。罗马的梦想就是文明大一统的梦想。

六　大学及其作用

I

现代社会生活的一个显著特点是大学的蓬勃发展。所有的国家都分享了这个发展运动，而美国发展最盛，它也因此享有了特殊的荣誉。然而，天赋的好运甚至可能会破坏这种运动；大学的这种发展，譬如在学校数量、学校规模以及内部组织的复杂性方面，暴露出某种危险：由于对大学服务于国家时应起的主要作用缺乏广泛的了解，大学的基本作用可能会遭到破坏。关于必须重新考虑大学的作用的这些评论，适用于那些比较发达的国家，特别是美国，因为美国已经在这样一种教育发展中处于领先地位，这种发展如加以正确明智的引导，可望成为迄今人类文明向前迈出的最幸运的一步。

本文将只探讨一些最普遍的原理，虽然任何一所大学里不同的系科都会有无以计数的特殊问题。不过，普遍性还须有例证说明，为此，我选择一所大学的商学院。我之所以选商学院是基于这样的事实：商学院代表了大学教学实践活动中比较新的发展。商学院也与在现代国家中占主导地位的社会活动有着更为特殊的关系，正因为此，它也是说明大学教育活动影响

六 大学及其作用

国民生活方式的很好的例证。在我有幸执教的哈佛大学,一座规模宏伟的商学院的崭新的地基工程也已竣工了。

在世界为数不多的这样一所名牌大学里,在这座规模宏大的商学院的教育培训中,会有某种新颖的内容。它标志着一个发展运动的高潮,在过去的许多年里,这个运动已经在全美国大学里引进了这种类似的系科。这是大学里的一个新事物,它本身就可以证明对大学教育的目的,以及对该目的于整个社会的福利所具有的公认重要意义进行普遍思考的正确性。

对商学院的新颖之处绝不可过分夸大,大学从来就没有局限于纯粹的理论学习。欧洲最古老的大学,意大利的萨勒诺大学[1]便是一所以培养医学人才为主的学校。在英国的剑桥,1316年成立了一座专门的学院培养"为国王服务的人"。大学已经培养了神职人员、医生、律师和工程师。现在,商业已成为一种高度知识化的行业,因此,它可以很自然地进入这个行列。然而,仍有这样一种新颖之处:适合商学院的课程以及这种学校里各种不同的活动方式仍处于实验阶段。所以,重提与建立与这种学校有关的一般原则是特别重要的。不过,如果我

---

[1] 萨勒诺大学(The University of Salerno),设于意大利南部萨勒诺的高等学府,其前身可追溯到位于萨勒诺的中世纪最早和规模最大的医科学校。早在11世纪,该校已吸引了来自全欧洲以及亚洲和非洲的学生。某些学者称这所学校为中世纪欧洲的第一所大学。

开始考虑细节，甚至开始考虑影响整个教育平衡的种种政策，在我这方面来说，这会是一种推测。我对这类问题缺乏专业知识，因此不可能给予忠告。

II

大学是实施教育的机构，也是进行研究的机构。但大学之所以存在，主要原因并不在于仅仅向学生们传播知识，也不在于仅向教师们提供研究的机会。

除了那些非常昂贵的教育设施机构外，大学的这两种功能都可以花较低廉的费用完成。书籍价格便宜，对学徒训练制度也有了很好的认识。单就传授知识这个作用来说，自从15世纪印刷术普及以来，可以说大学已经没有任何存在的理由了。然而，建立大学的主要动力正是出现在15世纪之后，在近代更有发展的趋势。

大学存在的理由是，它使青年和老年人融为一体，对学术进行充满想象力的探索，从而在知识和追求生命的热情之间架起桥梁。大学确实传授知识，但它以充满想象力的方式传授知识。至少这是它对社会所应起的作用。一所大学若不能发挥这种作用，它便失去了存在的价值。这种充满想象力的探索会产生令人兴奋的环境氛围，知识在这种环境氛围中会发生变化。某一个事实不再是简单的事实：它具有了自身所有的各种

六 大学及其作用

可能性,它不再是记忆的一个负担;它充满活力,像诗人一样激发我们的梦想,像设计师一样为我们制定目标。

想象不能脱离事实:它是阐明事实、使事实多彩的一种方式。想象是这样发生作用的:它引导出适用于种种存在的事实的普遍原理,然后对符合这些普遍原理的各种供选择的可能性进行理智的思考。它能使人们面对一个新世界时建构起一幅知识的图景,并通过展现令人满意的效果而使人们保持探索生命的热情。

青年人富于想象力,如果通过训练来加强这种想象力,那么这种富于想象的活力便很可能保持终生。人类的悲剧在于,那些富有想象力的人缺少经验,而那些有经验的人则想象力贫乏。愚人没有知识却凭想象办事;书呆子缺乏想象力但凭知识行事。而大学的任务就是将想象力和经验融为一体。

在充满青春活力的阶段对想象力进行最初的训练时,不要求对直觉的行动承担责任。当人们每天都要保持一种具体而有形的条理组织时,就不可能养成无偏见的思维习惯,而从普遍原理认识完美的各种范例正是凭借这种无偏见的思维习惯。你必须能够不受干扰地进行正确的甚至错误的思考,能够自由地去鉴别未受各种危险因素干扰的大千世界的方方面面。

这种对大学一般作用的思考和见解可以很快地用一所商学院的特殊作用来加以说明。我们无须害怕这样的说法,即一所商业学校的主要作用就是培养具有较高经商热情的人才。认为追求生活是因为以狭隘的物质享受为平庸的目的,这种看法是对人性的污蔑。人类以自己天赋的开拓精神,并通过许多其他的方式,宣告这种谎言的虚妄性。

在现代复杂的社会组织中,生活的探险不能与知识的探险分离。在比较简单的环境里,探险者可以凭本能从山顶直奔他视野所及的地方。但是,在复杂的现代商业结构中,任何成功的改组都必须在分析方面和富有想象力的重建方面进行知识的探险。在一个比较简单的世界中,商业关系建立在人与人直接交往的基础上,建立在与一切有关的物质环境直接对抗的基础上,因此这种关系比较简单。今天,商业组织需要富于想象力地去掌握从事不同职业的人们的心理;需要掌握那些散布在城市、山区、平原以及海上、矿井和森林中的人们的心理。商业组织需要充满想象力地去了解热带地区和温带地区的气候条件和环境,了解大组织间密切相关的利益以及整体对其构成部分的变化的反应。它需要充满想象力地去理解政治经济学的原理,不仅仅从理论上,还要具备根据具体商业活动的特殊情况解释这些原理的能力。它需要具备某些有关政府行为的知识,并了解这些行为在各种不同条件下的变化。它需要用一种充满想象力的眼光去认识任何人类组织的约束力,用一种富有同情心的眼光去认识人性的局限和激发人们忠诚服务的条件。它需要一些有关养生之道、疲劳规律和保持持久耐力的健康条件的知识。它需要充满想象力地去了解工厂的状况对社会的影响。它需要对应用科学在现代社会中的作用有充分的了解。它需要对人的性格进行那样的训练，使他对周围的人做出"是"或"否"的回答时不是出于盲目的固执，而是出于对相关可选择的方案进行自觉评价后得到的明确答案。

大学培养了我们这个文明世界的知识分子先锋——神父、律师、政治家、医生、科学家和文学家。这些知识分子始终是理想的源泉，这些理想引导人们勇敢地去面对时代的困扰。我们信奉清教的先辈移民离开英国去建立他们宗教信仰中的理想社会；他们在早期移民阶段采取的一个行动，就是在马萨诸塞州东部的坎不里奇创建了哈佛大学。这所大学便源于英国那种古老的理想，我们的先辈移民中有很多人就是在这所大学中接受了教育。商业经营现在需要有与过去其他行业中相同的那种智慧的想象；而大学就是这样的组织，它为欧洲民族的进步提供了这种充满智慧的想象力。

在中世纪初期，大学的起源模糊不清，几乎没有引起人们的注意。大学是处于一种渐进的、自然的发展中。然而，大学的存在却使欧洲在如此众多的领域里取得了持续快速的进步。通过大学的推动作用，行动的探险与思想的探险相汇合。本来不可能事先预言这种大学组织会取得成功；即便是在今天，在所有涉及人类事务的诸种不完美之中，有时也很难理解大学的工作是如何取得成功的。大学的工作中当然存在着巨大的失败，但是，如果我们用一种宽广的视野来看待历史，我们会发现，大学的成就始终是引人注目的，也几乎是始终如一的。意大利、法国、德国、荷兰、苏格兰、英格兰以及美国的文化发展史证明了大学的作用。说到文化发展史，我并非主要考虑学者们的生活；我是指那样一些人的充满活力的生活——他们给法国、德国和其他国家带来了人类所取得的各种成就的深深的印记，加上他们追求生命的热情，这构成我们爱国主义精神的基础。我们愿意成为这样一种社会的成员。

有一个巨大的困难妨碍了人们从事各种高级的智力活动。在现代社会，这种困难更可能产生危害。在任何一种庞大的组织中，那些比较年轻的新手必须从事这样一类工作：遵照他人的吩咐去做固定的工作。没有一个大公司的董事长会在自己的办公室门口接见他手下最年轻的雇员，然后分派他去做公司里责任最大的工作。年轻人通常要按规定的程序去工作，他只是在进出办公大楼的时候才能偶尔看见自己的董事长。这样的工作是一种不同寻常的训练。它可以传授知识，造就可信赖的品格；而且，它是适合初参加工作的青年人的惟一的工作，是他们受雇要去做的工作。对这种符合惯例的做法不会有任何批评,但它却可能导致一种不幸的后果——长时间按固定的程序工作使人的想象力变得迟钝。

这种做法的结果是,对一个人职业生涯的成熟阶段来说至关重要的各种素质,往往在他开始做这个工作后不久就被扼杀了。这只不过是一个例子,说明了一个更普遍的事实:人们所需要的优秀的技术素质只能通过一种训练来获得,而这种训练却常常破坏了那些本应指导专门技艺的大脑的活力。这是教育中的至关重要的事实,也是教育中大部分困难之所以存在的原因。

大学教育在为脑力劳动的职业——如现代商业或某些传统的需要专门知识的职业——做准备时应起这样的作用:促进对构成该职业基础的各种一般原理做富于想象力的思考。这样,受过大学教育的学生在进入专业技术的学徒训练期时,他们已经锻炼了那种富于想象的思维能力,即把具体事实与普遍原理相结合。于是,这种固定的程序便具有了它的意义,也为赋予它意义的各种原理增添了光彩。因此,受过正确训练的人有希望获得一种经过复杂事实和必要行为习惯训练的想象力,而不是一种单调乏味的工作所带来的盲目的经验。

因此,大学的恰当的作用是用充满想象力的方式去掌握知识。除去这种想象力的重要意义外,商人以及其他专业人员没有理由不应该一点一点地掌握他们在特殊场合会需要的事实。一所大学是充满想象力的，否则它便什么也不是——至少毫无用处。

Ⅲ

想象具有感染力而且能够迅速地蔓延，它不能用尺码或磅秤衡量，然后由教师分配给学生。它只能由那些本身就充满想象地探索学术知识的教师去传播。我这样说只是重复一个最古老的现象。两千多年前，我们的先辈用代代相传的火炬象征知识。那个光明的火炬就是我所说的想象力。组织建设一所大学的全部艺术就是拥有这样一支教师队伍，他们的学术知识为想象之光所照亮。这是大学教育中最关键的问题；如果我们不加以注意，错误地处理这个问题，那么，最近大学在学生数量和各种活动方面的飞速发展——我们有充分理由为此而感到骄傲——就不会产生正确的结果。

想象与学习的结合通常需要一定的闲暇，需要摆脱限制或约束，摆脱时时侵扰我们的烦恼，还需要各种经验，以及具有不同见解和不同才能的人给予激励。此外还需要有求知的兴奋，以及自信心，这种自信心源于对周围社会掌握先进知识取得的成就所感到的骄傲。你不能一劳永逸地拥有想象力，然后无限期地将它保存在冰箱里，定期按规定的量支出。充满学问和想象力的生活是一种生存方式，而不是一件商品。

六　大学及其作用

我们要为一支高素质的教师队伍提供这些条件并使他们利用这些条件，正是在这方面，教育和研究这两种功能在大学里交会融合。你想让你的教师们富于想象力吗？那就鼓励他们去从事研究工作。你想让你的研究人员充满想象力吗？那就引导他们去支持青年人在生命最充满热情和想象力的阶段去探索知识，在这个阶段，那些知识英才们正开始进入他们成熟的训练。让你的研究人员对那些活跃敏捷的大脑阐述自己的见解，要面对世界富于创造性地阐述见解；让你的年轻学子们通过与那些天生具有智力探险经验的人接触交往，圆满结束他们在大学的求学生活。教育是训练对于生活的探险；研究则是智力的探险。大学应该成为青年和老年人共同参与的探险活动的家园。成功的教育所传授的知识必有某种创新。这种知识要么本身必须是新知识，要么必须是在新时代新世界里的某种创新的运用。陈旧的知识会像鱼一样腐烂。你可能会讨论某种说明过时原理的陈旧知识；但是，不管怎样必须设法使它在某种程度上对现实具有重要的新意，就像刚出水的鱼一样鲜活地呈现在学生面前。

学者的作用就是在生活中唤起智慧和美，假如没有学者那神奇的力量，智慧和美还湮没在往日的岁月中。一个不断前进的社会必须包括三种人：学者，发现者和发明创造者。社会的进步还取决于这样一个事实，即在这个社会里，受过教育的大众都应该同时具备某种学识水平以及某种发现和发明创造的能力。我这里用"发现"这个词，是指在具有高度普遍性原理方面的知识进步；我所说的"发明创造"是指普遍原理以特殊方式应用于当前需要方面的知识进步。很显然，这三种人是融合在一起的，而且那些参与日常实际事务的人，就他们对社会进步所做的贡献而言，也可以称为发明创造者。但是，每一个个人都有自己局限性的作用和他自己特殊的需要。对一个国家来说，重要的是它的各种类型的进步因素之间应该存在一种极为密切的关系，因此学习可能影响市场，市场也可能影响学习。将各种进步的活动融合成促使社会进步的有效工具，大学是完成这一任务的主要机构。当然，大学并不是促使社会进步的惟一机构，但这是一个不争的事实：今天，凡是那些不断前进的国家，它们的大学教育都在蓬勃地发展。

但是，我们绝不能认为，大学以创新思想的形式生产的产品只能通过发表署有作者姓名的论文和著作来衡量。人类生产精神产品的方式正如他的思想内容一样富于个性。对某些思想极为丰富的人来说，用文字写作或以书面形式阐发自己创造性的思想似乎是不可能的。在任何一个教师群体中，你都会发现一些杰出的教师不属于那些发表论文专著的人之列。他们创造性的思想须要通过讲演或个别讨论的形式，在与学生的直接交流中得到阐发。这些人对人类的发展有过巨大的影响；然而，当他们的学生过世后，他们也与无数对人类有恩却未得到

六 大学及其作用

感谢的人长眠在一起。幸运的是，他们中有一位流芳百世，那就是苏格拉底[1]。

因此，根据署名发表的作品来评价一位教师的价值是极其错误的，而今天在某种程度上却出现了这种错误的倾向。因此，我们必须坚决反对权威管理机构那种有损效率和对无私的热情采取不公正的态度。

但是，在考虑了所有这些情况后，对教师群体总效率的一种恰当的评估方法是，从总体上看它以论文专著形式所体现的在思想方面的贡献。这种贡献应以思想的价值而不是以字数来衡量。

这种研究表明，管理一所大学的教师队伍与管理一个商业组织决然不同。教师的意见以及对大学办学目标的共同热情是办好大学的惟一有效的保证。教师队伍应该由一群学者组成，他们互相激励，同时又自由地决定各自不同的活动。你可以确保某些形式上的规定和要求，如在规定的时间讲课，教师和学生要到课。但问题的本质是不要受任何规定的限制。

公正对待教师与这个问题关系不大。在涉及工作时间和

---

[1] 苏格拉底（Socrates，约公元前470—前399），古希腊雅典哲学家和教师，与柏拉图和亚里士多德共同奠定了西方文化的哲学基础。苏格拉底一生没有写过什么著作，有关他的思想和学说的资料主要见于柏拉图的几篇对话录和色诺芬的《回忆录》。

工资待遇的任何一种合法条件下,雇用一个人让他提供合法的服务,这是完全公平的。谁也不必违背自己的愿望去接受不想应聘的教职。

惟一的问题是,什么样的条件会使我们拥有办好一所大学所需要的那种教师队伍?危险在于很容易产生完全不合格的教师——那些效率高的学究和蠢人。而公众只是在大学阻碍了青年人的发展前途很多年以后才发现优秀教师和不合格教师之间的差异。

只有当最高管理机构采取克制,牢记不可用管理普通商业公司的条例和政策来管理大学,那时,我们伟大民主国家的现代大学教育体制才能够取得成功。大学教育体制中的商业学校也不能违背这个规律。对于美国许多大学的校长们最近在公开场合就这个问题发表的意见,我确实没有什么可补充的了。但不管是在美国还是在其他国家,公众中实际起作用的那部分人看来未必会听从他们的忠告。说到一所大学的教育,它的核心问题是使青年学子们在知识和智力发展方面受一批充满想象力的学者们的影响。经验证明,我们必须对产生这种学者的各种条件给予适当的注意。

Ⅳ

就历史悠久和地位显贵来说,欧洲两所主要的大学是巴

六 大学及其作用

黎大学和牛津大学。我将讨论英国的情况，因为我对它最了解。牛津大学可能在许多方面犯过错误，但尽管她有很多不足之处，在悠悠岁月中，她始终保持着一种至高无上的荣誉，相比之下那些细小的失败就微不足道了。这个至高无上的荣誉便是，牛津大学自诞生之日起，几百年来她造就了一批批的学者，他们对学术知识进行充满想象力的探索。仅凭这一点，凡热爱文化的人想起牛津大学，无不对她满怀着深深的感情。

然而，我没有必要跨越大西洋来寻找这种例证。从某种意义上说，《独立宣言》的作者杰弗逊[1]先生有资格被称为最伟大的美国人。他的各种成就无疑使他跻身于人类历史上为数不多的伟人之列。他创建了一所大学，并运用他的部分天才的创造力，将这座大学置于能够激发想象力的环境之中——优美的校舍建筑和优美的环境，以及对知识能力和组织机构的各种其他的激励。

在美国还有许多其他的大学可以说明我的道德价值观念，但我最后要说的是哈佛大学——清教徒运动时期的有代表性的大学。17世纪和18世纪美国新英格兰的清教徒们是最富有想

---

[1] 托马斯·杰弗逊（Thomas Jefferson，1743—1826），美国第三任总统，政治家和哲学家，《独立宣言》的主要起草人。他自幼接受古典教育，懂拉丁语、希腊语、法语等数种语言，热爱科学和艺术，是当时著名的学者，著有《弗吉尼亚纪事》。晚年他回到家乡，亲自设计校舍，聘请教授，设置课程，创建了弗吉尼亚大学。

象力的人，他们克制外向的表达，害怕形体美的象征意义；但某种程度上，他们在内心深处苦苦地思考着人类理智想象出来的精神世界的真理。在那个时代，信奉清教的教师们一定是充满想象力的，他们造就了那些举世闻名的伟人。在以后的岁月中，清教主义变得温和了，到了新英格兰文学的黄金时代，爱默生[1]、洛威尔[2]和朗费罗[3]为哈佛带来了深远的影响。然后，现代科学的时代慢慢出现，而在威廉·詹姆斯[4]身上，我们又发现了那种典型的充满想象力的学者。

今天，商业进入了哈佛；这所大学所要奉献的礼物是那古老的想象力，那代代相传的光明的火炬。这是一个危险的礼

---

[1] 拉尔夫·沃尔多·爱默生（Ralph Waldo Emerson，1830—1882），美国散文家、思想家和诗人，毕业于哈佛神学院，著有《论自然》、《论美国学者》、《人生的行为》等。爱默生是美国19世纪新英格兰超验主义文学运动的领袖，对美国文学的发展产生过巨大的影响。

[2] 詹姆斯·拉塞尔·洛威尔（James Russell Lowell，1819—1891），美国诗人、评论家和散文作家，1838年毕业于哈佛大学。他是新英格兰文人的典型代表，博学而有教养，著有诗集《生命中的一年》和论文集《在我的书海中》等，在提高美国人对文学的兴趣方面起了很大作用，为美国文坛的一代宗师。

[3] 亨利·沃兹沃思·朗费罗（Henry Wadsworth Longfellow，1807—1882），19世纪最著名的美国诗人，哈佛大学语言学教授，著有《海华沙之歌》等。他晚年访问英国，获剑桥大学和牛津大学荣誉博士学位；逝世后两年，伦敦威斯敏斯特教堂的"诗人之角"安放了他的胸像，他是第一位享有如此殊荣的美国诗人。

[4] 威廉·詹姆斯（William James，1842—1910），美国哲学家和心理学家，哈佛医学院医学博士。著有《心理学原理》等。

六　大学及其作用

物，它引起过多次大火。如果我们在这种危险面前表示胆怯，那么恰当的做法就是关闭我们的大学。想象力常常是那些杰出的商业民族具有的天赋才能——希腊、佛罗伦萨、威尼斯，荷兰的学术和英国的诗歌。商业与想象力共同繁荣兴旺。这是任何人都会为他的国家祈盼的一份礼物，他们盼望国家获得雅典那种不朽的伟大和崇高：——

> 雅典的公民，那伟大的民族，
> 他们立于过去，统治着现在。

美国的教育也要追求这种崇高的理想。

自述生平

我于1861年2月15日出生于英格兰肯特郡萨尼特岛上的拉姆斯盖特。我的家人，即我的祖父、父亲、叔伯和我的兄弟们都从事与教育、宗教和地方行政管理有关的工作。祖父出身于谢佩岛的自由民家庭，他可能是英国基督教新教公谊会教徒乔治·怀特海的后代，乔治·福克斯[1]在他的《议事录》中曾提到，乔治·怀特海1670年居住在谢佩岛。1815年，我祖父托马斯·怀特海在他21岁时成为萨尼特岛拉姆斯盖特当地一所私立学校的校长；1852年，我父亲阿尔弗雷德·怀特海也在他25岁的青春年华接任祖父的职务。祖父和父亲都是出色的校长，但祖父的声望更高些。

大约在1860年，我父亲被委任为英国圣公会教会的牧师；在1866年或1867年，他放弃了学校的工作，去从事神职，先是在拉姆斯盖特，然后于1871年被任命为圣彼得堂区的教区牧师。圣彼得堂区是一个大教区，大部分在乡村，它的教堂距拉姆斯盖特两三英里，北福兰角就属于这个教区。父亲一直在

---

[1] 乔治·福克斯（George Fox，1624—1691），英国基督教公谊会创始人。

那里工作，直到1898年去世。

父亲成为肯特郡东部地区神职人员中一位有影响的人物，担任乡村主任牧师、坎特伯雷名誉大教堂教士和主教区会议的教士代表。但他的影响主要是缘于岛上普通民众对他的爱戴。父亲始终对教育工作抱有极大的热情，他每日都要巡视堂区内的三所学校，即幼儿学校、女子学校和男生学校。我小时候，也就是在1875年离家上学前，常常陪伴他。父亲是一个关注地方事务并在当地有影响的人。如果不了解这些管辖教省的人物，你就不可能理解19世纪英格兰的社会史和政治史。那时在英格兰，人物的个性影响起主导作用：当然，这并不是指"才智非凡的人"。

我父亲并不聪明，但他有个性。泰特大主教[1]在父亲管辖的堂区内有自己的消夏庄园，他和他的家人成了我父母的好朋友。泰特大主教和我的父亲显示了流传下来的18世纪优雅（和衰退）的一面。因此，在那段时间里，我通过观察我的祖父、父亲、泰特大主教、摩西·蒙特斐奥雷爵士[2]、普金家族

---

[1] 阿奇博尔德·坎贝尔·泰特（Archibald Campbell Tait, 1811—1882），英国坎特伯雷大主教，在牛津大学求学期间加入圣公会。他于1856年任伦敦主教，1868年任坎特伯雷大主教。
[2] 摩西·蒙特斐奥雷爵士（Sir Moses Montefiore, 1784—1885），著名的犹太慈善家，出身于意大利犹太商人家庭，幼年随家迁居英国。他从事过多种慈善事业，后在肯特郡拉姆斯盖特附近逝世。

（the Pugin family）和其他人，无意识地看到了英格兰的历史。堂区内浸礼会教派的牧师临终前，是父亲前去为他诵读《圣经》。这就是昔日的英格兰，由地方上那些怀有强烈对立情绪和亲密感情的绅士们治理。往日社会的这幅图景也是我对历史以及教育产生兴趣的一个原因。

我在这方面受到的另一个影响，是来自于遍布这个地区的许多美丽的古代文化遗迹。宏伟的坎特伯雷大教堂使人梦怀萦绕，它就坐落在距此16英里远的地方。此刻当我写这篇自述时，仿佛可以看见贝克特大主教[1]公元1170年殉难的地点，我还能够回忆起我年轻时怎样在自己的想象中描绘出贝克特当时惨遭杀害的情景。这里还有"黑王子"爱德华[2]的陵墓（他于1376年逝世）。

然而，就在离我家更近的地方，在萨尼特岛内或岛外不远的地方，英国历史留下了各种遗迹。这里矗立着罗马人修建的里奇伯勒城堡（Richborough Castle）那高大的城垣，还有撒克逊人和圣奥古斯丁登陆的埃贝斯弗利特（Ebbes Fleet）海岸。

---

[1] 圣托玛斯·贝克特（Saint Thomas Becket，1118—1170），曾任英格兰国王亨利二世的枢密大臣，后任坎特伯雷大主教。他长期与亨利二世不和，因反对亨利二世控制教会事务，于1170年被杀害于坎特伯雷大教堂内。
[2] "黑王子"爱德华（Edward The Black Prince，1330—1376），英王爱德华三世之子和王位继承人，绰号"黑王子"，在英法百年战争中率英军大败法军，战功卓著。他死后葬于坎特伯雷。

在离海边一英里左右的内陆地区就是敏斯特村,那里有精美的修道院大教堂,依然保留着罗马人石造工程的某种特色,但主要是壮丽的诺曼式建筑风格。圣奥古斯丁就在这里做了他的第一次布道。确实,萨尼特岛上有很多诺曼式风格的教堂和其他中世纪风格的教堂,这些教堂都是由敏斯特的修道士们建造的,建筑和风格之精美仅逊于他们自己的大教堂。我父亲管辖的那座教堂便是其中之一,具有诺曼风格的中殿。

里奇伯勒城堡的那一边是桑威奇镇。在那个时代,桑威奇保留着16世纪和17世纪的面貌,街道两边排列着佛兰德斯式样的房屋。据镇地方志中记载,镇上的居民为了制止港口泥沙淤塞,曾从低地国家[1]请来"在供水工程方面技术熟练的"工匠。但遗憾的是他们失败了,因此,桑威奇镇从那时候以来一直没有发展。在19世纪后半叶,人们修建了一座高尔夫球场,那是英格兰最好的高尔夫球场之一,小城于是又恢复了生机。罗马人和撒克逊人的遗迹,奥古斯丁和中世纪僧侣们的遗物,还有都铎王朝和斯图亚特王室遗留下来的那些海船,置身于这样的环境中,我有一种亵渎神圣的感觉。而高尔夫球场似乎是这个故事的平庸的结尾。

1875年,在我15岁[2]时,父母送我到英格兰南端多塞特

---

[1] 指西欧的荷兰、比利时和卢森堡。
[2] 原文如此。怀特海生于1861年2月15日,此时他已度过14岁生日。

郡的舍伯恩学校去读书。这里历史文物更加丰富。今年（1941年）这所学校要举行它一千二百周年校庆。它的历史可以追溯到圣奥尔德海姆[1]，据说阿尔弗烈德大王[2]曾是这所学校的学生。学校占据着隐修院的建筑，校园以现存最宏伟的那些大修道院中的一座为界，院中有撒克逊亲王们的陵墓。我在学校最后的两年，修道院院长的房间（我们想那是院长的房间）便是我个人使用的书斋；我们在寺院钟声回荡的环境中学习，这些钟是由亨利八世从金缕地[3]带来的。

我写下这么多是为了用实例说明，在19世纪后半叶，英国南方的知识阶层那富于想象力的生活是如何形成的。我自己的经历也毫不例外。当然，各人的情况有所不同，但这种方式对于生活在教省中的人来说基本上是一样的。

这段叙述与我写这篇小小的自传还有另一层关系。它表明，历史传统是如何通过对自然环境的直接体验代代相传继承下来的。

---

[1] 圣奥尔德海姆（St. Aldhelm，约639—709），西撒克逊马姆斯伯里隐修院院长，他是7世纪韦塞克斯最博学的教师，著有许多拉丁诗文流传至今。他于705年任舍伯恩主教。

[2] 阿尔弗烈德大王（Alfred the Great，849—899），英格兰西南部韦塞克斯王国国王，曾率军击败丹麦入侵者。他在位时下令编纂《盎格鲁-撒克逊编年史》，他促进了英国学术和文化的发展。

[3] 金缕地位于法国加来附近，英王亨利八世和法王弗兰西斯一世于1520年6月7日至24日曾在这里会见，法王为亨利八世修建了豪华的行宫。

就知识这方面来说，我所受的教育也符合那个时代的正常标准：10岁开始学习拉丁文，12岁开始学希腊文。我记得，一直到19岁半，除了节假日外，我们每天都要翻译几页拉丁文和希腊文作家的作品，还要考拉丁文和希腊文的文法。去学校之前我们用拉丁语复述几页拉丁文文法规则，并用引文来举例说明。古典著作的学习还伴随着数学学习。当然，这种古典文化的学习也包括历史，即学习希罗多德、色诺芬、修昔底德[1]、萨卢斯特[2]、李维[3]和塔西佗。我仍然能感到色诺芬、萨卢斯特和李维著作的单调乏味。当然，我们都知道，他们是伟大的作家；但我在这篇自传中对先人不讳言。

然而，其他作家的作品是饶有趣味的。的确，在我的回忆中，古典文化的教学是相当不错的，那是无意识地将古老的文明与现代的生活进行一种比较。我得到允准可以不写拉丁文诗，不阅读某些拉丁文诗歌，以便腾出更多的时间研习数学。我们读希腊文的《圣经》，即七十子希腊文本《圣经·旧约》[4]。

---

[1] 修昔底德（Thucydides，约公元前460—前404），古希腊最伟大的历史学家，著有《伯罗奔尼撒战争史》。
[2] 萨卢斯特（Sallust，公元前86—前34？），古罗马历史学家和政治家，著有《喀提林战争》、《朱古达战争》等。
[3] 李维（Livy，公元前59—公元17），古罗马历史学家，著有《罗马史》142卷，记述罗马建城至公元前9世纪的历史，大部佚失。
[4] 七十子希腊文本《圣经·旧约》（Septuagint）是现存最古老的希腊文本，相传由72位犹太学者根据希伯来文本共同译成。

这些经文课被安排在每星期天的下午和星期一的上午,很受欢迎,因为经文作者们的希腊文水平似乎并不比我们高出许多,因此他们写作时用简单的语法。

那时,我们的课业负担并不重。在学校的最后一年,我的时间主要是用在其他方面:我担任学校的级长,负责学生们的课外纪律,这种校规是根据托玛斯·阿诺德[1]的拉格比公学典范制定的;我还担任运动会比赛队的队长,主要是板球队和足球队队长。这些活动给人带来极大的乐趣,但也很费时间。不过,我仍然有闲暇自己读书。诗歌,特别是华兹华斯和雪莱[2]的诗使我很感兴趣,此外还有历史。

1880年秋天,我开始了在剑桥大学三一学院的大学生活;就居住在这所学校而言,可以说我在这里的大学生活不间断地一直持续到1910年的夏天。而我的三一学院校友的身份,先是作为学生,然后作为研究生,从来没有中断过。在社交能力的培养和知识的训练方面,我得益于剑桥大学,特别是三一学院。

---

[1] 托玛斯·阿诺德(Thomas Arnold, 1795—1842),英国教育家,曾任拉格比公学校长,任职期间发挥学校级长的作用,让年龄较大的学生负责年龄较小的学生的纪律。他的办学方法对英国公学教育产生了巨大影响,他逝世后建立的许多学校均以拉格比公学为典范。

[2] 珀西·比希·雪莱(Percy Bysshe Shelley, 1792—1822),英国重要的浪漫主义诗人,主要作品有《被解放的普罗米修斯》、《西风颂》、《云雀》等。

教育培养人是一个极为复杂的题目，对此我们几乎还没有开始了解。对这个问题只有一点我可以肯定，那就是绝没有普遍适用而简单易行的办法。我们必须考虑学生类型以及他们未来的机会给各类教育机构所带来的特定问题。当然，就目前某一种特点的社会制度而言，某些形式的问题要比其他问题更普遍，比如，美国大多数州立大学现在所面临的问题。在整个19世纪，剑桥大学在教育方面取得了杰出的成就。但是，剑桥的传统做法只适合于十分特殊的环境和条件。

剑桥大学的正规教学由那些具有一流素质而又风趣的教师们承担，他们出色地完成了工作。但是给每个本科生布置的课程涉及的范围较窄。例如，我在三一学院整个本科生学习阶段听的所有大课都是关于数学的，包括理论数学和应用数学。我从来不去其他的大课教室。不过，听讲座大课只是受教育的一个方面。缺少的东西通过与朋友、同学或老师不断进行的交谈得到了弥补。这种交谈从傍晚6点或7点钟正餐时开始，一直持续到大约晚上10点钟，结束的时间有时早有时晚。而我在这种交谈讨论之后还要钻研两三个小时的数学。

朋友圈子并不以学习科目相同来划分。我们都来自相同类型的学校，过去接受了相同的教育。我们讨论各种题目，包括政治、宗教、哲学、文学，而对文学有一种偏爱。这使我们阅读了大量各种各样的书籍和报纸杂志。例如，1885年我获得研究生奖学金时，几乎能够背诵康德[1]《纯粹理性批判》的部分章节。现在我已经忘记了，因为我早就不再迷恋他了。我从未能阅读黑格尔的著作：我曾经试着开始读他有关数学的一些评论，我认为他的那些见解毫不足取。我愚蠢可笑，但我不打算说明我的道理。

今天，回顾半个多世纪前的生活，当时那些讨论交谈就像是一种每日进行的柏拉图式的对话。亨利·黑德（Henry Head）、达西·汤普森[2]、吉姆·斯蒂芬（Jim Stephen）、卢埃林·戴维斯兄弟（the Llewellen Davies brothers）、洛斯·迪金森（Lowes Dickinson）、纳特·韦德（Nat Wedd）、索利（Sorley），还有许多其他人——他们之中的一些人后来出了名，另一些人虽然同样能干，却默默无闻。这就是剑桥教育它的学子的方式。这是一种完全仿效柏拉图式的方法。那些每星期六晚上从10点到半夜任何时候聚集在各自房间里的"使徒们"，就是这种学习生活的集中体现。热心的参与者是八到十个本科生或年轻的文科学士，但那些已经"飞走的"年纪略大些的成员也常

---

[1] 伊曼努尔·康德（Immanuel Kant，1724—1804），德国哲学家，德国古典唯心主义哲学创始人，著有《纯粹理性批判》、《实践理性批判》等。
[2] 达西·温特沃思·汤普森（D'Arcy Wentworth Thompson，1860—1948），英国动物学家和古典文化学者，生物学教授，曾在剑桥大学三一学院学习。

常加入这种讨论。在那儿,和我们讨论的有历史学家梅特兰[1]以及维罗尔(Verrall)、亨利·杰克逊(Henry Jackson)、西奇威克[2],还有碰巧到剑桥来度周末的那些法官、科学家或议会议员们。这种讨论对于学习具有一种非常好的作用。这个俱乐部是由丁尼生[3]和他的朋友于19世纪20年代后期发起的,至今仍在蓬勃发展。

倘若柏拉图在世,我在剑桥求学时那种注重数学以及注重朋友间自由讨论的教育方式会受到他的赞许。随着时代的变化,剑桥大学已经改革了它的教育方法。它在19世纪取得的成功是一种令人愉快的事,这依赖于当时的社会环境,而那样的社会环境已经不复存在了——这值得庆幸。柏拉图式的教育就其适用于生活来说是有很大局限性的。

1885年秋天,我获得三一学院研究生奖学金,而且有幸应聘到一个教职。1910年我辞去了担任的最后一个职位高级讲

---

[1] 弗雷德里克·威廉·梅特兰(Frederic William Maitland,1850—1906),英国法学家和法律史学家。1876年获三一学院文科硕士,曾任剑桥大学高级讲师和教授。其特殊贡献是运用历史的和比较的方法研究英国的制度。
[2] 亨利·西奇威克(Henry Sidgwick,1838—1900),英国哲学家和作家。曾任教于剑桥大学三一学院。其主要著作《伦理学方法》被一些评论家认为是19世纪最重要的英语伦理学著作。
[3] 艾尔弗雷德·丁尼生(Alfred Tennyson,1809—1892),英国诗人,维多利亚时代诗歌的主要代表人物。1827年入剑桥大学三一学院学习,1850年被封为桂冠诗人。

师，迁往伦敦。

1890年12月，我和伊夫林·威洛比·韦德（Evelyn Willoughby Wade）结婚。我妻子对我的世界观影响很大，所以我必须提到，这种影响在我的哲学著作中是一个重要的因素。至此，我一直在叙述英国职业阶层生活中那种狭窄的英国式的教育。职业阶层影响着高居他们之上的贵族，也引导着地位比他们卑微的大众，这一社会等级的盛行是19世纪英国成功与失败的原因之一。这是几乎未能载入历史的国民生活倒退的一个因素。

我妻子的背景与我的完全不同，即军事和外交的背景经历。她那丰富多彩的生活使我明白，道德的和美学意义上的美，是生存的目的；善良、爱和艺术上的满足是实现它的形式。逻辑和科学揭示相关的模式，也可以避免不相关的事物。

这种世界观或多或少把通常哲学上强调的重点转向过去。它关注那辉煌的艺术和文学的时代，认为艺术和文学最好地表现了生活的完美价值。人类成就的高峰不等待体系化学说的出现，尽管体制在文明的兴起中具有十分重要的作用。它使一种稳定的社会体制逐渐成长发展起来。

我们的三个孩子出生于1891年至1898年之间。他们都参加了第一次世界大战：大儿子在整个战争期间随军转战法国、东非和英国；我们的女儿随外交部在英国和法国工作；小儿子在空军服役，1918年3月，他驾驶的战机在法国被击落，不幸以身殉职。

大约有八年时间（1898年至1906年）我们居住在格兰特切斯特的老磨坊（Old Mill House），这里距剑桥约三英里。从我们的窗户望出去，可以看见磨坊的一个池塘，那时磨坊还在经营，如今它早已不存在了。那里现在还有两个磨坊池塘，年代较久的那个池塘在河上游几百码处，乔叟曾在他的诗中提到过。我们的房子有一部分已相当古老，可能建于16世纪。整个地区有一种天然美，充满了各种往日的回忆，从乔叟到拜伦[1]和华兹华斯。后来，另一位诗人，鲁珀特·布鲁克[2]搬进了附近的那幢房子，即老牧师宅第。但那是在我们搬走之后，与我们的生活没有关系。我必须提一下沙克伯勒（西塞罗书信的翻译者）夫妇（the Shuckburghs），还有威廉·贝特森[3]（遗传学家）夫妇，他们也住在那个村子里，是我们的好朋友。我们在格兰特切斯特度过了愉快的生活，这要感谢沙克伯勒夫

---

[1] 乔治·戈登·拜伦（George Gordon Byron，1788—1824），英国重要的浪漫主义诗人，主要作品有《恰尔德·哈罗尔德游记》、《唐璜》等。
[2] 鲁珀特·布鲁克（Rupert Brooke，1887—1915），英国诗人。1906年入剑桥大学学习，后留学德国，并游历意大利、美国、加拿大和南半球各地。著有《诗集》。
[3] 威廉·贝特森（William Bateson，1861—1926），英国生物学家。1908年任剑桥大学第一任英国遗传学教授。著有《蒙德尔的遗传原理》和《遗传学问题》。

妇，是他们为我们找到了房子。屋外有一座美丽的花园，房屋墙壁上爬满开花的藤蔓植物，还有一棵可能是乔叟栽下的紫杉树。春天，夜莺把我们从睡梦中唤醒，还有成群的翠鸟在河面上飞翔。

我的第一本书《泛代数》于1898年2月出版。这本书的写作是从1891年1月开始的。其思想概念主要是根据赫尔曼·格拉斯曼[1]的两部著作：1844年出版的《线性扩张论》和1862年的新版《线性扩张论》。其中1844年的那本是最重要的。遗憾的是，那本书出版时却没有人能理解它：格拉斯曼领先了他的时代整整一个世纪。对我的思想几乎产生过同样重要影响的还有威廉·罗恩·哈密顿爵士[2]1853年发表的《四元数》，和在此之前于1844年发表的一篇论文，以及布尔[3]1859年发表的《符号逻辑》。我后来在数理逻辑方面所做的全部研究工作都来源于这些成果。格拉斯曼是一位有创见的天才，但

---

[1] 赫尔曼·格拉斯曼（Hermann Grassmann，1809—1877），德国数学家，近世代数的先驱。他兴趣广泛，除数学外，对电学、声学、植物学、语言学等均有研究和论述，是有成就的语言学家。著有《线性扩张论》等。

[2] 威廉·罗恩·哈密顿（William Bowan Hamilton，1805—1865），爱尔兰数学家和天文学家，对四元数理论发展做出了巨大贡献。曾任三一学院天文学教授、爱尔兰皇家科学院院长和美国国家科学院外籍院士。1835年受封为爵士。

[3] 乔治·布尔（George Boole，1815—1864），英国数学家和逻辑学家，致力于近代符号逻辑的建立，是现今称为布尔代数的逻辑代数的开拓者。著有《逻辑学的数学分析》等。

人们从来没有充分认识他。莱布尼兹[1]、萨切瑞（Saccheri）和格拉斯曼论述这些题目时，人们还不能理解它们，或者说还不能认识其重要性。确实，可怜的萨切瑞自己也没有认识到他的研究成果的重要意义，而莱布尼兹也没有发表他在这方面的研究成果。

我对莱布尼兹研究的了解完全依据路易斯·库蒂拉[2]的《莱布尼兹的逻辑》一书，该书于1901年出版。

提到库蒂拉，使我想起另外两次与法国有关的经历。埃利·阿莱维[3]是研究19世纪早期英国历史的学者，他常常访问剑桥，我们和阿莱维夫妇之间的友情曾给我们带来极大的欢愉。

另一次是1914年3月在巴黎召开的数理逻辑代表大会。库蒂拉出席了那次大会，还有格扎维埃·莱昂（Xavier Leon），我想还有阿莱维。会场上有许多意大利人和德国人，还有一些

---

[1] 戈特弗里德·威廉·莱布尼兹（Gottfried Wilhelm Leibniz, 1646—1716），德国自然科学家、数学家和哲学家，其影响涉及逻辑学、数学、力学、地质学、法学、历史学、语言学和神学等广泛领域，对西方文明做出了巨大的贡献。

[2] 路易斯·库蒂拉（Louis Couturat, 1868—1914），法国哲学家和逻辑学家，曾任法兰西学院教授，著有《论数学之无穷》、《通用语言史》（合著）、《逻辑代数》、《数学原理》等。

[3] 埃利·阿莱维（Elie Halevy, 1870—1937），法国历史学家，著有6卷本《19世纪英国人民史》，详细论述1815年后英国政治、经济和宗教发展的过程。

英国人，包括伯特兰·罗素[1]和我们自己。大会代表受到各方面知名人士的盛情款待，包括法兰西共和国总统举行的一次招待会。在最后一次会议结束时，大会主席热烈祝贺我们的大会取得成功，并在发言结束时希望我们带着对"美妙的法兰西"的美好回忆返回我们各自的国家。然而，不出五个月，第一次世界大战就爆发了。那是一个时代的结束，但我们当时并不知道这一点。

《泛代数》的出版使我于1903年当选为英国皇家学会会员。约三十年后（1931年），我由于从1918年开始哲学研究而取得的成绩当选为英国科学院研究员。同时，在1898年至1903年间，我准备《泛代数》第二卷的写作，但第二卷一直没有发表。

罗素于1903年发表了《数学原理》，这也是"第一卷"。然后我们发现，我们两人各自计划的第二卷实际上是论述相同的题目，于是我们决定合作来编写一部著作。我们原希望用一年左右的时间完成这项工作。但是，后来我们的视野扩大了，于是我们用了八九年的时间，完成了《数学原理》。讨论这本书超出了这篇自述的范围。罗素在19世纪90年代初进入剑桥

---

[1] 伯特兰·罗素（Bertrand Russell, 1872—1970），20世纪伟大的思想家，一生著述丰富，涉及哲学、数学、科学、社会学、教育、历史、宗教等各方面，尤其在数学和逻辑领域做出了杰出贡献，对西方哲学产生了深刻影响。罗素1890年入剑桥三一学院；1910年至1913年与怀特海合作完成3卷本的《数学原理》；1950年获诺贝尔文学奖。

大学。像世界其他地方的人一样，我们也分享了他的智慧的光彩，起初他是我的学生，后来我们成为同事和朋友。他是我们在剑桥时期生活中的一个极其重要的组成部分。但我们在哲学和社会学方面的基本观点并不相同，而由于兴趣不同，我们的合作就自然地结束了。

1910年夏天，剑桥大学学期结束时，我们离开了剑桥。我们定居伦敦期间，居住在切尔西，大部分时间是居住在卡莱尔广场的住所。不管我们搬到什么地方，我妻子的审美趣味都使我们的房屋充满魅力，有时候几乎令人惊叹。特别是我们在伦敦时居住的一些房子，那些房子本来似乎是与美无缘的。此时我回想起那个警察，他看见一个美丽的女孩清晨走进了我们的房子。她曾经觐见女王，然后去参加一个宴会。那个警察后来问我们的女仆，他那天看见的是一个尘世的少女还是圣母马利亚。他几乎无法相信身穿漂亮衣服的一个真人会住在那里。但是，房子里确实闪耀着美的光彩。

在伦敦时，我在大学的第一个学年（1910—1911）没有任何学衔。我的《数学导论》就是在那段时期写出的。从1911年到1914年夏季这段时间，我在附属于伦敦大学的大学学院[1]

---

[1] 大学学院（University College）是英国无权授予学位的高等教育机构，其学生从一个得到承认的大学，如伦敦大学、牛津大学、剑桥大学等获得学位。

担任数个不同的职位；从1914年到1924年夏，任肯辛顿帝国科技学院的教授。在那段时期的后几年里，我担任该大学科学系的主任、教务委员会主任，该委员会负责管理与伦敦教育有关的内部事务，以及校务会成员。我还担任哥尔德斯密斯学院理事会主席和自治市镇工艺专科学校理事会的成员。我的这些职务还涉及到许多其他的委员会。实际上，参与伦敦的大学和技术教育管理，还要完成在帝国科技学院的教学工作，生活是繁忙的。大学秘书处全体人员高效率的工作使我们这种繁忙的生活井然有序。

在长达14年的时间里，处理伦敦大学的这些问题的体验，改变了我对现代工业文明中高等教育的看法。那时，仍然流行对大学的作用持一种狭隘的观点。有牛津和剑桥的模式，还有德国的模式。人们对其他的模式都采取无知的蔑视态度。那些追求知识启蒙的工匠们、社会各阶层渴求知识的活跃的青年人，以及由此而带来的各种问题——所有这一切都是我们文明中的一种新的因素。但知识界却依然沉浸在过去中。

伦敦大学是各种不同类型的教育机构的联合体，其目的是解决现代生活中我们面临的这个新问题。最近，在霍尔丹勋爵（Lord Haldane）的影响下，伦敦大学进行了改革，并取得了巨大的成就。许多男子和妇女——商人、律师、医生、科学家、文学家，以及行政部门的官员们——把自己的全部或部分时间用来研究解决教育中出现的这个新问题，他们正在实现一种迫切需要的变革。在这种改革中，他们并非孤军作战：在美国，他们的同行正在不同的情况下解决类似的问题。教育方面这种新的变革可能是拯救文明的因素之一，这种说法并不过分。最相似的例子是一千年前隐修院的改革。

回忆这些个人的经历，目的是要说明我所处的那种有利的生活环境发掘潜能的方式。我不可能判断这种结果的长久价值，但我知道产生这种结果所需要的爱、仁慈和鼓励。

现在来看生活的另一面。在我逗留剑桥大学的后期，我参加了许多政治辩论和学术辩论。那时，妇女解放的重大问题在经过了半个世纪的不断激化后，突然爆发了。我那时是大学评议会特别委员会的成员，该委员会报告赞成在大学里实行男女平等的政策。在经过激烈的辩论和学生方面聚众闹事后，我们失败了。如果我记得不错的话，时间大约是在1898年。但是后来，在伦敦和其他地方，直到1914年大战开始之前，还不时发生激烈的事件。意见分歧超越了党派界限；例如，保守党领袖贝尔福[1]支持妇女，自由党领袖阿斯

---

[1] 阿瑟·詹姆斯·贝尔福（Arthur James Balfour, 1848—1930），英国政治家，毕业于剑桥大学三一学院，先后出任英国首相和外交大臣，因发表支持犹太复国主义的《贝尔福宣言》而闻名。毕生关注科学和哲学问题，1922年受封为伯爵。

奎斯[1]则持反对态度。1918年战争结束时，这场运动取得了胜利。

我的政治观点过去和现在都属于自由派这一边，反对保守党人。我现在要谈谈英国的政党分野。自由党现在（1941年）实际上已经消失不存在了；在英格兰，我的选票将会投给温和的工党。不过，眼下在英国可以说完全没有"政党"。

我们住在格兰特切斯特的时候，我在格兰特切斯特和这个地区的乡村多次发表过政治讲演。集会常常是晚上在行政堂区的学校教室里举行。那是一种令人兴奋的工作，因为全村的人都会参加这种集会，大家激烈地表达自己的意见。英国乡村不喜欢正式的政党候选人的竞选经理人。他们需要当地的居民向他们发表演说。我总是发现，党派竞选经理人是令他们讨厌的人。臭鸡蛋和烂橘子是反对党的有效武器，我常常领教这种武器的厉害。但它们反映的是当地居民的旺盛精力，而不是恶意。我们最糟糕的一次经历是参加在剑桥大学吉尔德厅（Guildhall）里举行的一次集会，演讲人是那时新工党的领袖基尔·哈迪[2]。我妻子和我

---

[1] 赫伯特·亨利·阿斯奎斯（Herbert Henry Asquith, 1852—1928），英国自由党内阁首相。就学于牛津大学，曾担任律师，以善辩闻名政界。先后出任内务大臣和财政大臣。晚年著有《国会五十年》、《回忆与回顾》等。

[2] 基尔·哈迪（Keir Hardie, 1856—1915），英国工人领袖，英国第一位工人议员，也是下院中第一位工党领袖，曾任潘克赫斯特夫人领导的女权运动的顾问。

也在主席台上，坐在哈迪的后面，台下是一群闹事的大学生。结果，凡是没有打中基尔·哈迪的烂橘子正好打中我妻子或我。我们居住在伦敦期间，我的各种活动都是完全与教育有关的。

我在伦敦开始撰写哲学方面的著作，那是在战争即将结束的时候。伦敦亚里士多德学会是一个令人愉快的讨论场所，我们在那里结交了一些亲密的朋友。

1924年，在我63岁时，我有幸应聘接受了哈佛大学哲学系的教职。1936年至1937年学年结束时，我成为荣誉退休教授。我无法用语言来充分表达哈佛大学校方、我的同事、学生以及我的朋友们给予我的鼓励和帮助。他们对我妻子和我关怀备至。我出版的书中疏漏和错误一定不少，这完全由我个人负责。在此我大胆引用一句适合所有哲学著作的评论：哲学试图用有限的语言表述无穷的宇宙。

在本文结尾讨论哈佛大学和它的许多影响是不可能的。这样一个题目也不完全符合本书的宗旨。今天，在美国，人们追求知识的热情使我们想起伟大的希腊时代和文艺复兴时代。然而，更重要的是，美国全体人民怀有一种热诚的关怀，这在任何一个庞大的社会体制里都是无与伦比的。

艾尔弗雷德·诺思·怀特海
1941年于马萨诸塞州，坎布里奇

怀特海主要著述目录

1. *On The Motion Of Viscous Incompressible Fluids. A Method of Approximation* (1888)

2. *Second Approximations To Viscous Fluids Motion. A Sphere Moving Steadily in a Straight Line* (1888)

3. *A Treatise On Universal Algebra, with Applications* (1898)

4. *Memoir On The Algebra Of Symbolic Logic* (1901)

5. *The Logic Of Relations, Logical Substitution Groups, And Cardinal Numbers* (1903)

6. *Theorems On Cardinal Numbers* (1904)

7. *The Axioms Of Projective Geometry* (1906)

8. *On Mathematical Concepts Of The Material World* (1906)

9. *The Axioms Of Descriptive Geometry* (1907)

10. *Principia Mathematica* (*With Bertrand Russell*, 1910-1913)

11. *An Introduction To Mathematics* (1911)

12. *The Principles Of Mathematics In Relation To Elementary Teaching* (1912)

13. *The Place Of Mathematics In A Liberal Education* (1912)

14. *Space, Time, And Relativity* (1915)

15. *The Aims Of Education. A Plea for Reform* (1916)

16. *The Organisation Of Thought* (1916)

17. *Technical Education And Its Relation To Science And Literature* (1917)

18. *An Enquiry Concerning The Principles Of Natural Knowledge* (1919)

19. *A Revolution In Science* (1919)

20. *Fundamental Principles In Education* (1919)

21. *The Concept Of Nature* (1920)

22. *Einstein's Theory; An Alternative Suggestion* (1920)

23. *Science In General Education* (1921)

24. *The Principle Of Relativity, With Applications to Physical Science* (1922)

25. *The Rhythm Of Education* (1922)

26. *The Philosophical Aspects Of The Principle Of Relativity* (1921-1922)

27. *The Place Of Classics In Education* (1923)

28. *The First Physical Synthesis* (1923)

29. *The Rhythmic Claims Of Freedom And Discipline* (1923)

30. *Science And The Modern World* (1925)

31. *The Importance Of Friendly Relations Between England And The United States* (1925)

32. *Religion And Science* (1925)

33. *Religion In The Making* (1926)

34. *The Education Of An Englishman* (1926)

35. *Symbolism, Its Meaning And Effect* (1927)

36. *England And The Narrow Seas* (1927)

37. *Universities And Their Function* (1928)

38. *Process And Reality; An essay in cosmology* (1929)

39. *The Function Of Reason* (1929)

40. *The Aims Of Education And Other Essays* (1929)

41. *Objects And Subjects* (1932)

42. *Adventures Of Ideas* (1933)

43. *The Study Of The Past—Its Uses And Its Dangers* (1933)

44. *Nature And Life* (1934)

45. *Indication, Classes, Numbers, Validation* (1934)

46. *The Aims Of Philosophy* (1935)

47. *Memories* (1936)

48. *Harvard: The Future* (1936)

49. *Modes Of Thought* (1938)

50. *An Appeal To Sanity* (1939)

51. *John Dewey And His Influence* (1939)

52. *Autobiographical Notes* (1941)

53. *Mathematics And The Good* (1941)

54. *Immortality* (1941)

55. *Statesmanship And Specialized Learning* (1942)

译后记

英国数学家和哲学家艾尔弗雷德·诺思·怀特海（1861—1947）是欧洲19至20世纪杰出的思想家。他一生著述丰富，探索和研究的题目涉及自然科学和社会科学的诸多领域，并取得了巨大的成就。在哲学方面，他受柏拉图形而上学体系的影响，又阐发了柏拉图的思想；他与法国的柏格森（Henri Bergson，1859—1941）和美国的杜威（John Dewey，1859—1952）被认为是20世纪前半叶最重要的三位思辨哲学家。在数学方面，他与罗素（Bertrand Russell，1872—1970）合作完成了伟大的著作《数学原理》，将人类的逻辑思维向前推进一步。他一生大部分时间在英国和美国的大学讲学，他那深刻而富有创见的教育思想在欧美教育界也产生了深远的影响。

怀特海出身于教育世家，他的祖父和父亲曾任家乡一所私立学校的校长。怀特海幼年时身体孱弱，在家跟随父亲学习，14岁时才到当时英格兰最好的学校之一舍伯恩学校接受正规教育。他19岁入剑桥大学三一学院攻读数学，课余对文学、哲学、宗教、神学也表现出浓厚的兴趣。毕业后，他先后在剑桥三一学院、哥尔德斯密斯学院、伦敦大学学院、帝国科技学院和美国哈佛大学等学校教书。从怀特海的一生经历看，他始终浸润在充满人文主义精神的环境中。他正是根据自己的亲身体验，以数学家和哲学家敏锐的直觉和深刻的思考，提出了一系列新颖的教育思想。今天，使学生接受全面的素质教育成为教育家们特别关注的问题，而八十多年前，怀特海在他关于教育的讲演中就提出了独到的见解：他反对向学生灌输知识，提倡引导他们自我发展；他提出智力发展的节奏性阶段论；他倡导使受教育者在科学和人文方面全面发展；他强调古典文学艺术在学生智力发展和人格培养中的重要性；他还重视审美在道德教育中的意义，认为受教育者"如果不能经常目睹伟大崇高，道德教育便无从谈起"。怀特海的讲演中充满了这种精辟的论述，这些仍具现实意义的教育思想应该引起今天的教育工作者们的认真思考。

收入这个译本的六篇讲演和文章是根据伦敦恩斯特·本有限公司（Ernest Benn Limited）1950年出版的《教育的目的及其他论文》一书译出的，此外收入了怀特海80岁时在哈佛大学写下的一篇自述生平。这篇自述文字朴素优美，读者从中可以看出一个毕生致力于科学的老人暮年时回顾自己学术探索和心灵发展的路程。为使读者更好地了解本书的内容，译本对一些历史人物加了简单的注释。怀特海的教育思想十分丰富，译者不揣冒昧，选译若干篇供有兴趣的读者参考。限于水平，译文中难免错漏之处，敬请专家批评指正。

徐汝舟

2001年于北京师范大学